Comedy Writing Secrets (2nd edition)

笑点

脱口秀导师写给每个人的幽默表达课

[美] 梅尔·赫利泽 Mel Helitzer 著
[美] 马克·A. 沙茨 Mark A. Shatz

莫敏舒 译

图书在版编目（CIP）数据

笑点：脱口秀导师写给每个人的幽默表达课 /（美）梅尔·赫利泽（Mel Helitzer），（美）马克·A. 沙茨（Mark A. Shatz）著；莫敏舒译. -- 北京：华夏出版社有限公司，2021.5（2024.10重印）

书名原文：Comedy Writing Secrets
ISBN 978 - 7 - 5080 - 9895 - 1

Ⅰ.①笑… Ⅱ.①梅…②马…③莫… Ⅲ.①写作学 Ⅳ.①H05

中国版本图书馆 CIP 数据核字（2021）第 035194 号

COMEDY WRITING SECRETS, Copyright 2005 © by Melvin Helitzer
简体中文版权 © 2021 华夏出版社有限公司
All rights reserved.

版权所有　翻印必究
北京市版权局著作权合同登记号：图字01 - 2016 - 5369 号

笑点——脱口秀导师写给每个人的幽默表达课

作　　者	［美］梅尔·赫利泽　［美］马克·A. 沙茨
译　　者	莫敏舒
策划编辑	朱　悦　刘　洋
责任编辑	朱　悦　刘　洋
责任印制	刘　洋
出版发行	华夏出版社有限公司
经　　销	新华书店
印　　刷	三河市少明印务有限公司
装　　订	三河市少明印务有限公司
版　　次	2021 年 5 月北京第 1 版 2024 年 10 月北京第 3 次印刷
开　　本	710×1000　1/16
印　　张	20.25
定　　价	65.00 元

华夏出版社有限公司　地址：北京市东直门外香河园北里4号　邮编：100028
网址：www.hxph.com.cn　电话：(010) 64663311 (转)
若发现本版图书有印装质量问题，请与我社营销中心联系调换。

作者简介

梅尔·赫利泽

一家位于麦迪逊大道的广告公司的总裁,该公司曾获得过克里奥国际广告奖。目前他在俄亥俄大学新闻学系任教,是全世界最早将幽默写作引入大学课程的人士之一。他的很多学生如今或已成为专业喜剧演员,或成为供职于全国性媒体机构的幽默作家。

1987年他出版的《笑点:脱口秀导师写给每个人的幽默表达课》(*Comedy Writing Secrets*)一书,是全美销量最高的幽默写作教程。迄今,他出版了7本著作,包括百老汇音乐剧剧本《噢,杰姬!她父亲的故事》(*Oh, Jackie! Her Father's Story*)。在出版著作和参与影视作品创作之余,赫利泽也为好莱坞明星和总统候选人撰写幽默讲词。

马克·A. 沙茨

俄亥俄大学赞斯维尔分校心理学教授。在授课之余,他曾多次主持国际性研讨会,主题涉及死亡教育、行为动机以及人际交流等,并发表了大量学术论文,包括如何利用幽默提高教学效率等。他所著的《亲吻高尔夫》(*KISSing Golf: The Keep It Simple [Stupid] Instructional Method*)一书,是一本写给高尔夫球初学者看的幽默教程。

前　言
听听专家怎么说

喜剧和职业体育一样，成功转瞬就变成历史，老板只肯为你今天缔造的辉煌买单。但两者还是有区别的，以棒球为例，一名命中率0.300的击球员可获百万年薪，并让球迷高兴一整个赛季。但作为喜剧演员，如果你对观众笑神经的命中率只有0.300，不出一星期就得卷铺盖走人。

既然这是个如此惨烈的行当，你也许会想，任何稍有理智的人宁可当水管工也不该掺和喜剧。但事实恰恰相反，幽默写作和表演正变得越发流行。如果你有足够本钱，这行的回报是如此之高，一名成功的喜剧演员就和一名三级片红星一样——"神马！我凭干这个能赚这么多？"

在过去十年，幽默产业的最大转变就是人才缺口越来越大，现有的专业写手已无法满足不断增加的市场需求。除了演出市场，大量的场合需要用到幽默：演讲、专栏、脱口秀、广告、商业通讯、销售演示，等等。传统如一张手写贺卡，高科技如电子邮件，字里行间都少不了幽你一默。

在高需求量之下，很多喜剧俱乐部应运而生。经过几十年竞争，行业内部大浪淘沙，水平不够或管理不善的纷纷被淘汰，留下来的质量大多有保证，那些为得到演出机会不惜打破头的新人，再也不必担心错上贼船而耽误前程了。

电视情景喜剧也有自身的淘汰机制，君不见好剧往往一演十季八季，烂剧一两季便面临被砍命运。与此同时，以搞笑为主的谈话节目也如雨后春笋般涌现，从杰伊·莱诺到大卫·莱特曼到乔恩·斯图尔特到柯南·奥布莱恩。几乎每个总统候选人都要到这些节目上露一把脸，不仅为了宣传政纲，更是借着被主持人开涮提高知名度。

虽然学者派把幽默和胡闹画等号，但正规的幽默教育仍在全国遍地开花。我任教的大学的校长曾告诉我，他不屑于说笑话，因为他害怕失败。"我听过你好多演讲，"我告诉他，"我同意你这说法。"

对失败的恐惧，正是人们变幽默的最大阻力。90%的人声称自己有幽默感，但100%的人都是批评家。"我不觉得这有什么好笑的。"不服气就跟他们辩去吧。

米尔顿·伯利晚年在迈阿密海滩为老头老太表演。有一次，一个瘦小的老太太站在前排冲他嚷道："这笑话真烂，我早听过了。"

伯利生气地问："这位女士，你知道我是谁吗？"

"不知道，"她回答，"但如果你站到桌子上，护士会告诉你。"

总而言之，如果你真想学习幽默写作和表演，得有一张比城墙还厚的脸皮和一个飞快运转的大脑，还得学会如何在喝倒彩声中茁壮成长。

有一天，一只毛驴掉进了井里。农夫想尽办法也没能把它拉出来，心想至少得把它埋掉吧。于是他叫来邻居们，大伙儿开始往井里填土。但毛驴非但没被埋，反而当每次泥土落在身上时，它就将其抖落到脚下，将井底渐渐垫高，最后泥土堆到了井口边，毛驴得救了。这故事经常被用来教育我们：前进道路上的难关往往会变成成功路上的垫脚石。然而喜剧家们不这么想,他们想的是,如果我是那头毛驴,跳出井来第一件事就是冲过去咬农夫一口。因为他们的人生信条是,演出出了岔子得赶紧补救,否则这岔子反过来会反咬你一口。

希望你享受这本书,它会让你的人生变得无比丰盛。

俄亥俄大学教授　梅尔·赫利泽

2005 年

引 言
游戏开始了!

你能行!

由于担心自己的笑话引来的不是笑声而是倒彩,很多幽默家会搬出一个站不住脚的台阶:喜剧细胞是天生的。梅尔·布鲁克斯和伍迪·艾伦说过,幽默是没法教的,你要么天生搞笑,否则想学也学不来。简直是扯淡!

只要一个人受过教育,你就能教会他/她任何东西,无论是爱因斯坦的相对论,还是如何成为棒球游击手。而且相比幽默写作,学说希腊语或者摆弄钢琴的88个按键要困难得多,也枯燥得多。(哪个对人类社会更有贡献则另当别论。)然而有一点人们普遍认可:喜剧,作为头脑灵光一闪的火花,更接近一门艺术而不是科学。

喜剧是娱乐王国的流通货币。戏剧界传统主义者说,他们手中的硬币一面刻着幽默脸谱,另一面则是悲剧脸谱。他们错了,因为幽默即悲剧,悲剧即幽默。正如梅尔·布鲁克斯所说:"悲剧是我割伤了自己的手指,喜剧是你掉到一条敞开的下水道里淹死了。"本书将从另一角度论证这一观点:孩子,如果你看完不能变幽默,这就是个悲剧!

这本书说什么?

幽默并非一成不变,其风格每20年便改头换面,这本最新版的《笑点：脱口秀导师写给每个人的幽默表达课》，正是综合最近流行的写作技巧和风格写成，主要内容如下：

- 幽默的三个好处
- M.A.P 论的秘密
- 多问"如果……呢"
- 幽默的六道配方
- 为什么有的笑话引发笑声，有的招来嘘声
- 幽默的潜在敌意
- 为什么嘲讽对方才能达到幽默效果
- 言语露骨的幽默让人错愕多于发笑

全书分为三部分。第一部分介绍幽默写作基础，包括理论和原则，探讨究竟是什么让我们发笑；第二部分介绍各种写作技巧，如文字游戏、逆转、对应、排比和夸张；第三部分则介绍如何在各种写作体裁中运用幽默，比如贺卡、演讲稿、相声段子、商业通讯，等等，还有两个章节专门介绍广告和教学中的幽默。

贯穿全书的还有一系列名为"表演时间"的练习，让你马上学以致用。写作必须不断练习才能提高，因此千万不要跳过这部分。如果你一题不落地做完，还闷蛋依旧，可以要求退款，但拜托永远不要结婚。

本书只是入门教程，我们不奢望你看完立马达到专业级水准。成为一名成功作家需要付出大量心血和时间，打好基础只是第一步。曾经有个女人冲到著名小提琴家弗里茨·克莱斯勒面前高喊道："如果能把琴拉得像你一样优美，我愿意付出我的生命。"

克莱斯勒的答复是："我正是这么做的。"

无须学历要求

由于不存在正儿八经的幽默认证机构，也就没有所谓经认证的专业幽默家。如果你能把段子推销出去，或者靠表演它赚钱，你就是专家。不过，幽默写作培训在高等教育中越来越受重视。

据不完全统计，美国有六所大学，包括加州大学洛杉矶分校，纽约新学院大学等设有幽默写作课和研究生项目，类似课程将变得越来越流行。很多课程都采用本书作为主要教材。

1980年，梅尔·赫利泽在俄亥俄大学克里普斯新闻学院开设了全美第一个有学分的幽默写作课程，人气长期高居不下，20个位子往往在开课前一年已经爆满。班上的学生来自各行各业，从学校教职员到律师、医生、会计师、家庭主妇等，甚至还有一位殡葬师。（我们问学生，你们说笑话会不会把人笑死。他们答道："我还没开口人们已经死了。"）

如今，在主流电影和电视节目的幕后，最大的喜剧作家群来自哈佛大学。讽刺的是，哈佛并不设幽默写作课程。出于某个原因，能叫上名来的幽默家无一毕业自耶鲁或普林斯顿，如果不算上前两位美国总统的话。

芝加哥的第二城市剧团是全国知名的即兴演出训练学校，除此以外，全国各地尤其是纽约、洛杉矶和旧金山，还有不计其数的俱乐部和独立作家，提供幽默写作的小型工作坊。

幽默带来的好处

幽默的影响力无处不在。举个例子，《财富杂志》（*Fortune Magazine*）的编辑分别访问全球500强公司的人力资源主管，对于中层管理人员他们最看重什么品质，答案的前三位为：（1）对产品的认识；（2）对底线的尊重；（3）幽默感。

除了被推进产房的准妈妈，几乎人人自称有幽默感，于是编辑进一步追问："为什么幽默感如此重要？"得到的答案几乎一致。

幽默能体现一个人的领导才能。微笑是自信的表现，因为当感到恐惧或疑虑时，你会皱起眉头而不是扬起嘴角。无论下属、同事、顾客，还是委托人，都喜欢和有幽默感的人共事。

幽默喜剧不分家

学者们，尤其是英语教授，一直想把幽默和喜剧区分开来。在他们看来，前者范围更广，包括所有把人逗乐的素材，如讽刺、反讽、揶揄以及模仿搞怪等。喜剧则是幽默的一种表现形式。脑子灵活的幽默作家负责写段子，嘴皮子灵活的喜剧演员负责说笑话。

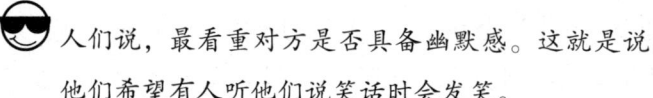人们说，最看重对方是否具备幽默感。这就是说，他们希望有人听他们说笑话时会发笑。

—— 希拉·文茨

任何笑话不幽默就不称其为笑话，任何形式的幽默写作，都要利用笑话制造幽默。我们不必板起学者面孔，非要在幽默和喜剧当中划分楚河汉界。如果目的都是引人发笑，那么是何种标签并不重要。我们的目标是让你写的东西更有趣。

这段子是谁的原创？

现代幽默是传统风格的延续和变迁，虽然本书以援引当代幽默家为主，但有些经典永远不会过时。因此书中的例子既来自当红笑匠如乔恩·斯图尔特、蒂娜·菲、比利·克里斯托、杰伊·莱诺、克里斯·洛克、大卫·莱特曼、罗宾·威廉姆斯以及丽塔·拉德纳等人,也来自殿堂级幽默大师如娥玛·邦贝克、米尔顿·伯利、乔治·伯恩斯,甚至更早的马克·吐温、阿尔伯特·哈巴德以及约翰·莫利等。

不幸的是,对研究幽默史的人来说,查找一句话的出处堪称噩梦,比如以下两个对应句:

如果你没法加入他们,打败他们。

——莫特·萨尔

如果你没法打败他们,挑拨他们互相攻击。

——乔治·卡林

一些经典笑话往往有着成千上万个版本,没人敢说哪个笑话是他的绝对原创。阿尔·弗兰肯在《噢!我知道的那些事》(*Oh, the Things I Know*)一书中说:"我不属于任何有组织的宗教,我只是一名犹太教徒。"弗伦肯在后文中承认,这话是从一名天主教徒口中听来的,他只是把"天主教徒"换成了"犹太教徒"。威尔·罗杰斯也说过类似的话,但把"宗教"换成了"政党","犹太教徒"换成了"民主党员"。这已经是100年前的事了。

很多你我耳熟能详的名人名言,例如约瑟夫·艾迪生的"犹豫者终难成事",W. C. 菲尔兹的"讨厌狗和小孩的人坏不到哪里去",还有富兰克林·罗斯福的"我们唯一恐惧的便是恐惧本身",都被证实早就有人说过了。

好了,我们开始吧。

目 录

第一部分　幽默创作入门

第一章　幽默创作的重要性 …………………………………… 2
第二章　我们为什么会发笑 …………………………………… 15
第三章　幽默的配方 …………………………………………… 33

第二部分　幽默的写作技巧

第四章　文字游戏 ……………………………………………… 60
第五章　文字游戏之巧取字面义和正文歪解 ………………… 73
第六章　文字游戏之头脑风暴 ………………………………… 88
第七章　下一个重要技巧：逆转 ……………………………… 99
第八章　前后对应的幽默 ……………………………………… 115
第九章　三段式幽默 …………………………………………… 126
第十章　现实、夸张和贬抑 …………………………………… 140
第十一章　脏话 ………………………………………………… 158

第三部分　针对特定市场的幽默

第十二章　撰写幽默讲辞 ……………………………………… 168
第十三章　舞台上的幽默 ……………………………………… 192

第十四章　文字幽默 …………………………………… 225
第十五章　漫画和贺卡的幽默 ………………………… 241
第十六章　情景喜剧写作 ……………………………… 260
第十七章　商业中的幽默 ……………………………… 278
第十八章　教学中的幽默 ……………………………… 291
第十九章　总　结 ……………………………………… 303

第一部分

幽默创作入门

第一章
幽默创作的重要性

 什么是喜剧？喜剧就是一门使人发笑之余不会呕吐的艺术。

——史蒂夫·马丁

幽默蕴含着巨大价值。它虽是一种艺术形式，但并不神秘，有其固定结构和模式。学习这门创造性艺术，能同时带给你精神上的愉悦和财政上的收益。

有的名作家认为，幽默创作技巧（姑置勿论幽默感）难以通过专门学习获得，它更多是源自成长因素对一个人的影响，譬如性格、早期教育以及不安全感等。

 生活中很多东西无法用理性分析，幽默是其中之一——你要么有幽默感要么没有，要么享受它要么不享受。

——罗斯·麦肯齐

没人会教你如何创作幽默。它的秘诀代代相传，我也不会透露半点儿，除了向我的儿子。

——阿特·包可华

其实不然，每个人都能学会幽默创作。虽然有的人天生比其他人有趣，正如有的人在体育或音乐上比别人更具天赋，但幽默写作技巧完全可以通过后天学习获得。它和魔术一样，看似神秘，但内里玄机是可以被破解的。

我很无趣怎么办？

我们用一个简单的例子说明每个人都能变得幽默。假设你面前有两个圆形坐垫，想象一下，除了坐垫，你还可以用它们做什么？给你五分钟时间，充分发挥你的想象力并极尽夸张能事，完全不必考虑可行性，写下你想到的任何东西。

你可能会列举出如下用途：

- 毛绒拖鞋
- 大号毛线帽
- 巨人用的眼罩
- 大个子用的痔疮药垫
- 特殊比赛用的飞盘

这道测试题考的，正是成为幽默写手首要具备的特质——不加拘束的想象力。看着一件生活中的常见物品（比如一个烟灰缸、一个啤酒瓶、房间里某件家具或人体某个部位）训练大脑，马上向自己提问："如果这是……呢？"然后在脑子里迅速列举所有可能性，不要担心你的点子过于荒谬，这种练习正是开动想象力的全副引擎。想写出有趣的东西，首先要训练出有趣的思维。

 想象便是理智在开心地玩耍。

——乔治·斯拉巴

如果……呢？想象让你重新排列零散的思维，并让观众大吃一惊，而吃惊过后往往是放声大笑。

幽默家的头号原则是：不要自我设限。宁可对禁忌话题持无所谓的态度，也不要蹑手蹑脚地绕着它走。当你下笔时，尽管放手去写，做出大胆假设，编辑和自我审查是第二和第三步，绝不能是第一步。

我们稍后会解释，当你想出了点子，如何使它符合幽默作品的基本格式。但如果一开始你便对自己说"这点子糟透了"，那你到头来什么也写不出。你必须开足想象力的油门，一边向前飙一边默念着："没有糟点子！没什么点子是真正糟糕的！"

喜剧的目的就是让你回归自我，越接近本色，你就越有趣。

——杰瑞·宋飞

想象是喜剧的源泉，每个人都有想象力，因此每个人都能掌握幽默的基础，但在这块地基上能盖出茅屋还是高楼，就得看你下多少工夫了。

幽默的好处

只要运用得当,幽默会带来如下好处:为你赢得尊重,使你的话被人铭记,并带来经济和人际关系的丰厚回报。

使你备受瞩目

我们说笑话主要是为了引人注目。假如你正对着一帮朋友说笑话,当你快进入尾声时,有人抢先把最关键一句话说出来了,你会作何反应?那人抢走了本该属于你的风头,第一次你也许只是怒目而视,但如果这种事再次发生,你没准儿连杀人的心都有了。

大笑之于心灵,恰如慢跑之于身体,它使你的心灵更健康、更充实、更有活力。但有一点和慢跑不一样,幽默的效果是即时的,它需要的反应时间比任何艺术形式都短暂。只消半秒钟,你就知道听众是否受用,因为你面对的陪审团,其是否大笑是发自内心且不加思索的。

演喜剧就是控制观众,让他们发笑,当听到因你而起的笑声如潮水般涌来时,你会感觉一切尽在掌握之中。

——吉尔达·拉德纳

当然,使你备受瞩目的方法有很多:比如取得重大成就,批评某个人,表现得独立特行,等等,但利用幽默,你能加强上述任一行为的效果。幽默不仅仅是娱乐他人或说笑话,也是一支强力的社会润滑剂,使交流、教育、人际关系更具内涵。幽默是演讲的最佳开场白,它能把台下的注意力吸引到演讲者身上。而且当你对着一个人开怀大笑时,内心对他/她无论如何也讨厌不起来。

当我们大笑时,我们便暂时对那个逗乐我们的人投降了。

——罗伯特·奥本

无论你从事何种职业(除非,你是一位殡葬师),幽默都能帮你赢得成功和尊重。比如,教师利用幽默提高教学效率,广告人利用幽默推销商品,政客利用幽默宣传政纲。幽默不但让你备受瞩目,而且招人喜欢。

铭记

成功的幽默作品——无论形诸舞台,还是集结成书,都会被人铭记。最好的台词往往魅力隽永且不断被人重复。《巴特利特引语词典》(*Bartlett's Familiar Quotations*)一书正是充满这样的解颐妙语。

有一根非常纤细的线,将笑声和痛楚、喜剧和悲剧、幽默和伤害分隔开来。

——娥玛·邦贝克

至少有一点,无论男女都同意:他们都信不过女人。

——亨利·路易斯·门肯

幽默能提高学习效率,加深记忆。有研究表明,如果老师在授课时时不时地来点俏皮话或援引一两段珍奇轶闻,学生往往能取得更好成绩。当学习变得有趣,每个人都能从中受益。

如果他们的嘴巴因大笑而张开,你也许能趁机塞进一点儿精神食粮。

——维吉妮娅·图珀

无论课堂内外,笑话是让我们被人记住的最好办法。

 我不想因为幽默而不朽,我想因为不死而不朽。

——伍迪·艾伦

经济回报

幽默在商业世界中占据重要地位。越来越多大公司的总裁雇枪手为他们撰写幽默讲辞,务求他们说出的每个句子都让人乐不可支。幽默对政治来说也是不可或缺的,自富兰克林·罗斯福以来的所有美国总统,他们的讲稿创作团队里都少不了幽默作家。

 批评家们说我在经济方面做得不够,这让我很生气。他们也不看我为图书出版业做了多大贡献,想必你听过以下这些书名:《大谎言》(Big Lies)《布什的谎言》(The Lies of George W. Bush)《谎言以及谎言家》(Lies and the Lying Liars Who Tell Them)。我很想告诉你,我每一本都看过了,但这会是一个谎言。

——乔治·布什

喜剧是很多演员晋身大屏幕或主流电视剧的跳板,比如,罗宾·威廉姆斯、阿兰·金、切维·切斯、克里斯·洛克、比利·克里斯托、艾伦·德杰尼勒斯、史蒂夫·马丁、艾迪·墨菲、比尔·

默里、迈克·迈尔斯、罗茜·奥唐奈、杰瑞·宋飞、亚当·桑德勒,以及罗西妮·巴尔,这些影视界大腕都是喜剧演员起家。伍迪·艾伦、梅尔·布鲁克斯和卡尔·雷纳刚入行时,专给席德·西泽的电视节目写段子。至于大卫·莱特曼、柯南·奥布莱恩和盖瑞·山德林在主持节目前,都是幕后写手。

 前女友只记得比尔·盖茨有口臭,他只记得她没有1000亿。

——柯南·奥布莱恩

现有的幽默作家远远不能满足市场需要,其中一个原因是,更多人愿意说笑话而不是写笑话。幽默作家的职业出路很广,包括专栏作家、演讲稿枪手、贺卡写手、网络写手、脱口秀演员、广告文案作家,以及为电视情景喜剧和电影撰写剧本的编剧,等等。

幽默作家供不应求的另一个原因便是电视产业的存在。这个行业好比一条以笑话为食物的大白鲨,它一个月吞噬掉的笑话,比其他市场一整年加起来的消费还要多。约翰尼·卡尔森说过,电视业过早地耗尽了许多年轻作家的职业生涯。刚刚步入社会时,他们很容易被丰厚的报酬吸引,前赴后继地投身电视界,日复一日地为这条胃口永不餍足的大白鲨提供口粮,过度创作使他们往往不出一年便无以为继。无论你选择走哪条路,除了出色的写作技巧,你还得长久地保持创作精力,才能在经济上和名声上取得成功。

 通往成功的大道永远都在修路。

——莉莉·汤姆林

幽默创作三要素 M. A. P

所有成功幽默家都具备两个特点：一、持续创作；二、有的放矢。你得不断想出新段子，才能让观众笑个不停。记住，幽默创作不是百米冲刺，而是耐力跑。

当你具备持续创作的能力和机会，下一步便要做到有的放矢。针对受众口味准备适当的笑料很重要，因为不管是出书、写剧本，还是现场演出，你都不想对牛弹琴，浪费你和观众的宝贵时间。

 如果你在深山老林里说了个笑话，根本没人笑，这还算笑话吗？

——史蒂文·赖特

M. A. P 分别代表内容（material）、受众（audience）和表演者（performer），他们之间呈三角关系，每一点都和其他两点紧密联系。成功的幽默创作，必须是三者的综合与平衡。

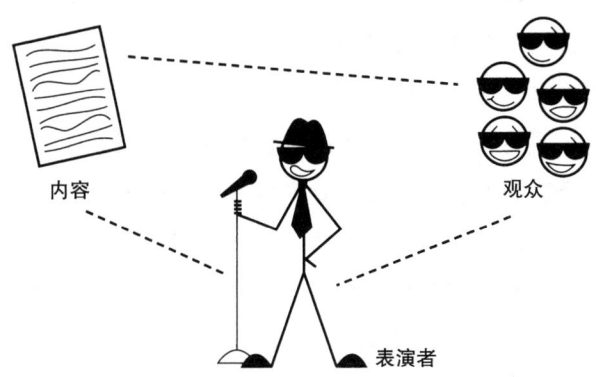

1. **内容**。幽默创作的内容必须适合目标受众的口味，而且符

合表演者的身份与形象。
2. **受众**。观众与创作内容和表演者风格必须相匹配并互为补充。
3. **表演者**。表演者必须向适当的受众，以适当的方式，呈献适当的内容。

观众

在 M. A. P 三角中，观众无疑是最重要的，如果哪位作家忘了这一点，恐怕很快会饭碗不保。

如果幽默是美式足球，你和观众向着同一条球门线进发，但你们必须同时达阵才能有效得分。否则只有你自己不停得分，即使一分钟内台下爆发出十次大笑，但和观众缺乏互动感应，这仍是一次失败的演出。

因此幽默家的第一项任务，便是估算受众规模，你面对的是一千人呢还是一个人。（在下一章我们会讨论究竟是什么让观众发笑。）

除非你知道自己将面对什么样的观众，并根据他们的口味看菜下碟，否则成功的机会微乎其微。观众划分有成百上千种标准：种族、宗教信仰、教育程度、财政和社会地位、智商高低、居住地点、政治倾向、社会名声以及性别，等等。比如，一个笑话能让一个班的大学生哄堂大笑，但律师、医生或银行家听了可能毫无反应；嘲笑金发蠢女人的笑话，对从事蓝领职业的男性观众没准儿行得通，而拿男人的毛病或身体部位开涮，则多半能引来女性观众的笑声；年轻观众喜欢内容大胆甚至带点肮脏的笑话，年长观众则觉得，年轻喜剧演员上台前该多用用漱口水。

观众对和他们相关的内容更感兴趣，而不是听你从头到尾在说你自己、你的朋友、你的宠物、你上酒吧的伙伴云云。从入行第一天起，幽默作家就得学着把"我"从字典里去掉。你也许会争辩，雷·罗曼诺、丽塔·拉德纳、伍迪·艾伦不总在说自己吗？没错，等你变得跟他们一样有名再说吧。灵活变通的表演者如杰瑞·宋飞、杰伊·莱诺、克里斯·洛克、比利·克里斯托等人，会围绕观众的兴趣点，随时调整内容。最经典的例子便是杰夫·福克斯沃西的"当……的时候，你就知道自己是个红脖子乡巴佬了"，虽然明知被损，但南方的红脖子*观众还是看得乐不可支。

（*"南方的红脖子"指美国南方贫穷的白人农民。杰夫·福克斯沃西在他著名的段子中，历数什么情况下你知道自己是个红脖子。例如，当你和你的狗使用同一棵树时，你就知道自己是个红脖子了。）

嘿，快看看我

一旦明确目标观众，接下来的另一关键点便是表演者。无论你是为别人操刀剧本还是你自己演出，头 30 秒内你得让观众知道，站在他们面前的是谁，如此一来他们才能决定自己对角色造型的认可度有多高。

有的人物特点可通过外观表现出来，比如体格、肤色、口音、性别和容貌等。当然，表演者可以利用服装、道具、布景等强化角色性格，但最好顺应演员的外形塑造人物，而不是反其道行之。比如，凭出演《宋飞正传》（*Seinfeld*）走红的迈克尔·理查兹，一脸傻里傻气，每次他尝试改变戏路都以失败告终。又如喜剧演员雅科夫·斯米诺夫，虽然他在克利夫兰长大，但始终操一口标志性的俄国口音。红脖子谐星牛仔裤不离身，拉斯维加斯谐星永远是西装三件套，至于年轻女郎，什么时候都不该换下她们的黑皮裤。

内容为王

如果你能保持观众和角色定位的连贯性,就可以着手创作内容了,这正是这本书的核心。贯穿全书,我们将向你示范,如何围绕 M. A. P 三要素进行幽默创作。掌握这套基本方法并不困难,而且你以后肯定用得着。

幽默创作从不打烊

幽默创作是一份全天候工作,你脑子里随时随地会蹦出新点子。在某期《广告时代》(*Advertising Age*)杂志中,记者鲍勃·加菲尔德描述马蒂·拉克姆如何记录他的点子:

> 马蒂·拉克姆的钱包里塞满各色各样的名片,他用这些名片记下突然冒出的哪怕是天马行空的念头,比如一张写着:"从结巴口中找素材。"另一张写着:"跳线电缆。"他眼下创作的题材大概和各大洲人民的卫生习惯有关,于是一张名片上写着:"你闻过欧洲人身上的味儿吗?"

观察幽默家创作是件很有意思的事,你往往会看见他们作旁若无人状,口中念念有词。如果他们下班后出席某个聚会,听来的每一个名字、每一桩八卦,甚至只是某个人的信口开河,都可能成为他们的创作素材。派对结束后,如果你问他们是否享受,答案多半是肯定的,但只是因为他们从中找到了创作灵感。他们会一边心不在焉地应付你,一边盘算着在回家的路上把它们写下来。

一个幽默家每天早上都对自己说:"我希望这是艰难的一天。"因为日子过得越轻松,就越难从中发掘笑料。

——艾伦·科伦

为了记录每个新点子和潜在的创作素材,幽默家的工具箱里应该包括如下东西:一本本子、一摞索引卡、一个录音机,还有一台能上网的笔记本电脑。如果你希望把作品推销出去,还得备一本《作家市场》(*Writer's Market*),这可是出版业的"圣经"。

不管用什么工具,你得想个办法系统地组织自己的写作。最传统的法子就是把笑话按主题分类归档。米尔顿·伯利和鲍勃·霍普各自有一个保险库,里面有多达六百万条笑话,分别记在索引卡上,并按主题分门别类。在这个电脑时代,数据库和电子制表软件为我们省却了誊写和翻查的麻烦。

如果你打算从事更考究的幽默写作,例如专栏、诙谐文章或剧本等,有很多软件可以为你提供便利。其中最好用的就是"灵感"(Inspiration),它通过制作思维导图,使抽象的灵感具象化,让你更轻松地操控你的点子。

表演时间

接下来的练习将指引你通过聆听、观察、阅读和探索,为日后的喜剧创作打下基础。现在完成这些练习很重要,因为接下来几章都会用得着。

● 分别列出 10 位你最喜欢的喜剧演员和幽默家,在网上搜索他们说过的笑话或名言。

- 当你收集 20 个笑话后，把它们分别写在索引卡上，并在卡片背面写出笑话的主题或取笑的对象，并解释它什么地方好笑。如此练习让你认识成功笑话的模式，并知道自己偏好什么类型的笑话。

- 收集 10 至 15 幅卡通画或连环漫画，把它们分别贴在白纸上，像上一个练习那样，分别写下这些画的主题并解释好笑之处。你会渐渐发现，什么样的笑料最能吸引你。

- 除了笑话和漫画，幽默创作还得借助其他信息来源。大部分职业幽默作家每天早上起来第一件事就是读报、看电视或者上网，寻找可以作为创作题材的新闻。从现在开始，你应该留意那些稀奇古怪、让你浮想联翩的新闻，并养成每天记录它们的习惯。

- 日常生活是幽默的主要来源，我建议读者养成写"幽默日记"的习惯。为分析病人的潜在心理，弗洛伊德让他们记录自己的梦，并鼓励他们在疗程中，对脑海里的所有事物进行自由联想。如果你想充分发挥你的喜剧潜能，可以参照弗氏的这一方法，记录生活中所有你觉得有意思的事，不用进行任何形式的自我审查。你现在记下的东西不一定有趣，但能为你日后的幽默创作打下基础。

第二章
我们为什么会发笑

 我早上起来的第一件事就是刷干净我的牙齿,还有磨锋利我的舌头。

——桃乐茜·帕克

亚里士多德曾对它进行研究,苏格拉底曾为它进行辩论,历史上的著名人物如查尔斯·达尔文、托马斯·霍布斯和亨利·柏格森等都曾就幽默理论发表论文。在20世纪,西格蒙德·弗洛伊德、马克斯·伊斯曼,甚至伍迪·艾伦,都试图对幽默的动机做出明确阐释。事实上,过去十年,人们对幽默做出的研究,比过去几千年加起来的还要多。千百年来,幽默在我们的生活中扮演着重要角色,但科学家和哲学家至今还在研究到底笑声意味着什么,人们为什么说笑话,以及我们为什么欣赏或不欣赏对方的幽默。

尽管这么多伟大的头脑曾对这个题目进行思索,但仍得不出确凿无疑的答案。正如犹太拉比对《塔木德》(*Talmud*)的辩论没完没了,每个学者都在用自家的理论解读喜剧,因此我们今天看到的喜剧研究,比以往任何时候都更多元化。

 如此多的事情留待我们去做,学习幽默的学生正面对可以在这个领域做出重大贡献的大好机会。

——杰弗里·戈德斯坦以及保罗·麦吉

虽然幽默理论研究百家争鸣，但所有人都同意，幽默很主观，没一个理论能适用于所有例子。对有志从事幽默创作的人来说，这既是个好消息，也是个坏消息。好消息是你有数之不尽的切入点可以下手，坏消息是，你写着写着就像无头苍蝇一样失去了准星。"我的创作全凭直觉。"伍迪·艾伦承认。因此也许幽默作家永远活在惶恐之中，害怕自己哪一天写不出新东西来。

虽说我在文坛上成名已经15年，每天早上坐在打字机前仍充满绝望，遍搜枯肠想找点有趣的东西下笔。这种熟悉的感觉——害怕自己写不出来，害怕自己侥幸逃过这么多年终究被人发现，是大部分作家都有过的痛苦经历。

——索尔·萨克斯

很少有艺术家比幽默作家更缺乏安全感。幽默作家在经历无数尝试和失败后，才总结出自己的一套写作方式，因此对于任何想分析他们写作技巧的尝试，他们向来持怀疑态度。他们深知喜剧成功的秘密：有些方法比其他方法更奏效。仅此而已。

考虑到我是从一堆白纸开始的，我想我干得不错。

——史蒂夫·马丁

表演时间

在我们往下继续以前，先考一下你的幽默理论。拿出你上次

练习时收集的笑话和漫画，把它们按照有趣程度进行高低排列。

抽出排名最高的几项，翻过来看你之前写下的解释，看它们共同的模式或主题是什么，然后为以下问题写下至少五个答案：为什么人们会发笑？

笑声产生的原因

同时代幽默家在喜剧理论上鲜能达成共识，但大概所有人都同意：能引来笑声的东西便是有趣的。想引人发笑，你首先得知道观众对幽默作何反应。换言之你得知道人们为什么笑。

著名心理学家帕特里西娅·基思-施皮格尔认为，人们发笑有两个主要原因：

- 出于惊讶
- 基于优越感

在两个主要原因之下，基思-施皮格尔细分出六个理论，分别解释人们发笑的动机：

- 出于本能
- 感觉突兀
- 矛盾情绪
- 释放压力
- 解开谜题
- 退行心理

这一章节所讨论的理论，有助你日后分析一则幽默能否产生预期效果。不仅加深你的理论认识,也会对你的创作产生影响。

 剖析幽默就好比解剖青蛙,它们都会在过程中死去。

——E. B. 怀特

我得事先警告你,过分注重理论会带来恶果。当分析成为你的思维定势,你看到一则笑话的第一反应不是开怀大笑,而是想着如何将它条分缕析时,你就和解剖台旁永远面无表情的法医无异了。

惊讶

人们发笑的最常见动机是掩饰尴尬,你要么不小心做了件蠢事或说了句蠢话,要么是被人耍了。我们被耍的第一反应往往是大吃一惊,制造惊讶是最为人们普遍接受的幽默形式。一个笑话就是一个故事,它通常有个出乎意料的结尾。

 那些去脱衣舞俱乐部的人,以为自己口袋有钱便占据了主动,其实主动权握在那些小妞手里,她们只消在钢管上转两圈,你们就得乖乖就范。这道理也适用于甜品,但至少到头来我能把它们吃进肚子里。

——莫妮克·梅尔奇

如果一个笑话被人重复太多遍,或其结果在人们意料之中,就失去了它的魅力。机巧的文字游戏未必人人懂得欣赏,但出人意表的文字游戏往往引发哄堂大笑。妙语教人莞尔,笑话让人开怀。

使人惊讶通常有两种手段，一种是误导对方（给观众下套），另一种是使对方处于"状况外"（其他观众都知道怎么回事，只有少数几个人被蒙在鼓里）。

休斯顿这地方的末日快到了，两家星巴克居然对着门开，你以为人们都得了阿尔茨海默病还是怎么着？在这家喝完抬脚出门就说："看，那边有家星巴克。"

——刘易斯·布莱克

如果说笑声是电力，能带动喜剧作家血气上涌，惊讶就是一台发电机。制造惊讶是喜剧的第一要义。

昨天在西弗吉尼亚，有个男人因为偷了好多充气的情趣娃娃被捕。警察不费吹灰之力便抓住了他，因为他没跑几步就喘不过气了。

——柯南·奥布莱恩

正如剧作家阿贝·伯罗斯所说，笑话就像一个曲球——越过本垒板后快速下坠，骗过击球手。"你出手时看似一个直球，但最后关头却突然改变方向。一个好笑话正是如此。"布若斯说。为达到迅速逆转的效果，你有时不能拘泥于语法甚至逻辑。

他虽然不会唱歌，但看来也不会跳舞。

善于利用关键词，能使观众以为他们已经知道结果。以下例子正是利用"一半"给观众下套。

我和妻子经常吵架,但她只能取得一半胜利,其余一半属于我的丈母娘。

——特里·贝克托尔

很多方法能产生惊讶效果,你要时刻牢记,它对一个好的笑话来说不可或缺。

优越感

人们对自我优越感有强烈且频繁的需求。幽默从多个角度满足人类这一需求。

如果你不想取笑自己,就拿别人开玩笑吧。

——博比·斯莱顿

"幽默是对悲剧的一种反应,笑话是以牺牲他人为代价的。"人类学家阿兰·邓迪斯写道。就连小宝宝掉在地上发出"啪"的一声也会让我们发笑,我们也许会为自己这一变态的反应辩护:"这很好玩儿。"这一点儿也不好玩,尤其对可怜的小宝宝来说。幽默正是借助嘲笑那些我们认为不如自己的人产生,嘲笑他们的智商、社会地位、生理和心理上的缺陷等。

人生中最让人愤怒的事莫过于,当你屈尊到一家你认为很不上档次的店里买东西时,另一位顾客把你认作店员。

——丹尼斯·米勒

即便是优于自己的人,我们也不放过。对于那些有权、有钱、有名、有头脑、有身材或备受爱戴的人，我们公开和讽刺他们每个缺点，不管确有其事抑或只是道听途说。对方名声越响亮，我们从中得到的满足感便越大。

幽默是社会批评的一种形式，目的是要挫挫某个人群的气焰。它是美国所有少数族裔宣泄情绪的途径，包括爱尔兰人、德国人、阿拉伯人、犹太人、黑人、拉丁美洲人，等等。关于白种盎格鲁萨克逊新教徒（美国的主流人群）的笑话书不多，但不代表关于他们的笑话不多。

科学家在一项研究中表明，多喝啤酒有利于肝脏健康。对不起，我说"科学家"了吗？我想说的是"爱尔兰人"。

——蒂娜·菲

我是一名白种盎格鲁萨克逊新教徒，实话说，我们当中有的人干得还是不错的。

——佩妮洛普·隆巴德

幽默还能消除不安全感。即便拥有一切，权力、金钱、名声、学识，我们仍充满不安全感，疑心就是这么来的，担心哪天会失去。美国人某种程度上其实很自卑，因此我们用各种自大的笑话进行掩饰。

去了趟加拿大，我有种感觉，我能在两天内攻下这国家。

——乔恩·斯图尔特

有两种方法能产生优越感：第一种是取得成就并得到人们认可，这很难；第二种（也是较容易的一种）就是批评他人的成就，在贬低对方之余，还能把人们的视线引到你自己身上来。尽管第二种方法在道德层面上为人不齿，但人们为贬损别人花的时间和精力，远远超过用于提高自身能力的。

在法庭发笑要入狱六个月。如果没有这一规定，陪审团一句证供也听不见。

——亨利·路易斯·门肯

当我们惧怕的人遭遇不幸时，我们往往会笑出声来。"幽默是受压迫者的武器，"心理学家哈维·明德斯说，"我们通过在优于我们的人身上找缺点来排遣自己的自卑感。"

作为独立个体，我们幽默的矛头冲着那些比自己强的人；然而作为一个群体，我们的矛头往往指向那些社会地位、宗教、国籍、性倾向与我们相左的人。

我曾深入南部到亚拉巴马州表演。你在台上说达尔文进化论，但台下有的人甚至是自己的父亲。

——丹尼斯·米勒

弗洛伊德对这一现象有如下解释："人们利用幽默，贬低那些异于自身的社会行为，向多数人表明，他们的生活方式才是正确的，以达到维持现状的目的。幽默好比一件武器，让'圈内人'用来对抗'圈外人'。"

如果你是黑人,你看待美国人的眼光会有点儿不一样。你得把美国人看成你的伯父,他一边供你上大学,一边性骚扰你。

——克里斯·洛克

幽默不是在马背上冲锋陷阵的艾尔·熙德将军,更像是丛林里的游击队员,打一枪换一个地方,所以他们得不停地转移阵地。

职业幽默家要时刻紧记:想逗观众开心,就得让他们产生优越感。充当傻子的演员总是面露微笑,因为他知道,台下每双眼睛都在等待他的认可。尽管作为全场焦点所在,他也许更情愿和老婆待在家里看电视——虽然还是得受气,但至少他的衬衣能保持洁白。

我们已经讨论了人们发笑的两大主因——惊讶和优越感,下面我们接着分析其他六个诱因。这六个理论相辅相成,而且都是两大主因的细分和补充。

本能

笑是与生俱来的本能,是人类进化的产物。神经系统受外界刺激后,先是放松下来,恢复良好的感觉,继而调动面部肌肉绽放笑容。灵长类动物的语言能力非常有限,笑不露齿会让它们产生好感,而张口大笑则会激发它们的愤怒和敌意,并向对方还之以龇牙咧嘴,虽然它们全部都应该戴牙套。

 科学家相信,经过训练后,猴子能思考、撒谎,甚至在同伴中玩弄政治。如果再教会它们如何背着老婆乱搞,我们每年就能省下数以百万计国会议员的工钱了。

——杰伊·莱诺

笑已成为人们攻击对方的一种手段。胜利总是伴随着喜逐颜开乃至仰天大笑，看看一名美式足球运动员达阵后作何反应就知道了。

如果说笑是生理上的本能，那句老话"千万别相信笑声太响亮的人"，应该把"笑起来嘴巴大张的人"也包括在内。我们面带笑容或和人开起玩笑，并非为示好，而是为击垮对方。当正面攻势不起作用时，这就成了我们释出敌意的方式。

突兀

突兀在这里是指人或物与周围环境不协调。比方说，在一个衣香鬓影、人人谈笑自若的酒会上，突然闯进一个奇装异服、行为扭捏的人，便会让人觉得好笑。哲学家亨利·柏格森也说过，把传统意义上不相干的行为或想法组合在一起，往往能制造出喜剧效果。

 世上的钱只有两种：你的钱和我的钱。

——米尔顿·弗里德曼

幽默是残忍的。这一手法正是利用观众的优越感。以电视节目《偷拍》（*Candid Camera*）为例，无辜路人惨遭摄制组设计，身陷困境并竭力扭转局面，知道这是怎么一回事的观众，看着丈二和尚摸不着头脑的受害者，优越感油然而生，自然迸发出笑声来。

《偷拍》的始创者艾伦·芬特说，节目史上最受欢迎的桥段是"会说话的邮筒"——一个人寄信时邮筒突然和他聊天，邮筒会说话已经够突兀了，但好戏还在后头。这个人跑回去叫来他的朋友，让朋友听他和邮筒对话。但这时，无论他说什么，邮筒都一声不吭，这个可怜人变得越发焦躁，对着邮筒大喊大叫。下一个镜头切换到朋友脸上，他的表情显然是：我这位兄弟一定是疯了。这时电视机前的观众已经笑得背过气去了。

这种手法有时作为其中一幕出现,有时作为故事线贯穿始终。最常见的例子便是一个人前脚刚躲进衣柜,他害怕的人(老婆、老板、警察)后脚便进了房间,闹出一系列笑话。这个桥段被人用过不下一百遍,观众仍乐此不疲,因为他们知道剧中人所不知道的真相,让他们产生某种快感。

矛盾

这个理论和突兀有点儿相似,都是基于人们言行的不协调。当人们发现自己说了不适当的话,做了不适当的事,便故意搞笑掩盖内心的虚怯,以维护所剩无几的尊严。

如果突兀是各种不协调元素的碰撞,矛盾便是互相冲突的情绪同时存在,譬如爱恨交织的家庭关系。喜剧家如比尔·利斯比便是利用矛盾情绪制造笑料的高手,他常写的段子包括父母如何训斥孩子。

 见鬼,你给我听好了,既然我能把你带到这世上,也能把你弄出去。

——比尔·考斯比

母子关系是利用矛盾情绪的另一种常见喜剧题材。

 我妈从未察觉骂我"婊子养的"有何不妥。

——理查德·珍妮

这种看似自我解嘲式的幽默,其实是为了让观众卸下防卫,俯首帖耳地把控制权交到你手中。

释放压力

在众人面前失手打翻杯子，或犯下其他无心的错误时，我们往往会露出尴尬的笑容。笑在这种情况下，能缓和紧张的气氛。剧作家会刻意安排这样的场景，让笑声释放观众生活中难以发泄的压抑情绪。我们去看尼尔·西蒙执笔的百老汇剧，或者去听罗宾·威廉姆斯的演唱会，就是为了让笑声赶走我们的焦虑。

 大家都知道，醉酒的司机很危险，但醉酒的后座乘客也是——如果他有足够说服力的话。

——德米特里·马丁

假如凑上一大帮人，效果就更明显了。喜剧不仅让你笑，而且制造一种氛围，让你迫切想参与其中。

要想幽默发挥作用，你得一开始就向观众兜底。如果观众和演员都不知道葫芦里卖的什么药，这是悬疑剧；只有观众知道，而台上某个人不知道时，这才是喜剧。

关于喜剧的减压功效，另一解释是：也许你今天在公司当了一整天出气筒，看到另一个人在台上被海扁你会倍感解气。郁闷得拉个人垫背，何况对方只能被你笑，没有笑你的份儿。即便一个界外球飞到观众席上，一连撂倒七个坐轮椅的人，我们也会大笑不已。

 好些盲人抱怨导盲犬价钱太贵，不够听话，而且想买也买不着。我说，让侏儒给他们带路好了，效果完全一样。

——克里斯·洛克

这是虐待狂心理外加自我优越感作祟。

解开谜题

当脑中的信息碎片终于拼凑出完整的图画,我们会抚掌大笑:"噢,原来是这样!"

 我的性经验可来之不易——都是看书得来的。
——埃莫·菲利普斯

解开一道谜题,完成一则填字游戏,攻克一项艰巨任务,都会让我们发笑。谜题的存在,促使我们迫切想解决它,寻找那块失踪的拼图。一旦成功,我们放声大笑祝贺自己,一是因为谜底解开了(惊讶),二是想让大家知道我们脑子多么好使(优越感)。

退行心理

弗洛伊德主张,幽默和睡眠一样有益身心健康。更重要的是,它以一种人们普遍接受的方式,宣泄我们平常无法表达的意欲和感受,例如,回归婴孩般的幼稚和不顾一切。因此弗氏相信,缺乏幽默感的人多少存在心理问题。

 我认为,女性并不嫉妒男性那玩意儿。每个男人都以为自己招人嫉妒,也许只有弗洛伊德对他那儿心存怀疑。
——鲍勃·史密斯

心理学家 J. C. 佛鲁吉尔写道:"就社会意义而言,我们笑是为了变回孩子,但不必感觉像个傻子。社会容许你把退行心理当作为一种放松的方式。"这也许解释了,为什么漫画是最受成人欢迎的幽默形式,不论在哪个国家、哪种文化背景之下。

年轻只有一次,但有了幽默,我们能拒绝成熟。

——阿特·格林纳

心理医生可从病人的笑话中了解他们的内心。你也可以充当自己的心理医生,你只要经常问自己(并如实作答):为什么我会为这个而不是其他笑话发笑?

一个人每天至少要花五分钟当傻瓜,聪明人都知道,聪明不能过了头。

——阿尔伯塔·哈伯德

退行心理在团体中的作用更加明显。我们往往看领导的脸色决定这笑话好不好笑,如果领导喜欢,我们呼啦笑作一团,如果领导不喜欢,我们都板起面孔。我们很少会和多数人对着来。假如你觉得一个笑话好笑,本想哈哈大笑,但发现其他人毫无反应,于是你的笑容马上变得僵硬,干笑几声后便停止了。即便退行到孩童的心态,我们仍渴望得到社会认可。

咱们还是别装了吧,幽默不仅仅是为娱乐他人,它最大的价值在于它的杀伤力。作为一种批评形式,它为社会广泛接受;作为发泄不满的途径,它使人留下深刻记忆并且对作者心生敬畏。

但你开涮的对象必须为多数观众讨厌。了解特定观众群的口味,是幽默创作的关键准备功夫之一。你必须同时给他们带来惊讶和优越感。

幽默的科学

2001年,英国科学家理查德·怀斯曼做了一个在线研究,目的是找出全世界最好笑的笑话。他建了一个叫"大笑实验室"(www.laughlab.co.uk)的网站,让网民在上面发布笑话并对别人的笑话评分。他总共收到4万个来自70个国家的笑话(虽然三分之二的内容不宜公开),最后根据数百万条评论,评出以下笑话之王:

两个新泽西猎人在林子里走,其中一人突然昏倒在地,失去呼吸而且开始翻白眼。另一个人赶紧用手机拨打紧急服务热线。
他气喘吁吁地对接线员说:"我的朋友死了!我该怎么办?"
接线员冷静地安慰他:"别着急,我会帮你。首先,你得确认他真的死了。"
短暂沉默后,话筒那边传来一声枪响,接着是那个人的声音:"好了,接下来呢?"

网站还有如下有趣的发现:德国人评分最高的笑话,加拿大人往往评分最低;在动物笑话中,最受欢迎的是关于鸭子的笑话;最多人发布的笑话是:"什么是棕色且黏糊糊(sticky,词根stick为棍子,因此字面义为'像棍子的')的?答案是棍子。"没人觉得这笑话好笑。

科学家现在可以利用脑成像仪器,分析大脑如何处理幽默信息。最常用的方法是让实验对象观看、阅读或收听幽默信息源,例如某一集《辛普森一家》（*The Simpsons*）或《宋飞正传》，同时记录大脑的运作过程。相关研究尚在起步阶段，但科学家普遍同意：大脑的语言中心（即左额叶皮层）通过辨认其中双关、突兀、惊讶的元素来负责接收笑话，而情感中心（即脑杏仁核）负责欣赏这个笑话并发出笑声。

终有一天，科学会解开大脑运作之谜，但幽默本身是无法解释的。有人认为"活宝三人组"是喜剧之王，也有人认为他们其实来来去去就三道板斧，没什么好笑的。可见笑点就和指纹一样，每个人都不一样。

他人的悲剧使我们好过？

几乎所有悲剧到头来都会衍生出病态的笑话。在切尔诺贝利核事故发生后几小时，一则笑话风行全球大气电波：

问：什么东西有羽毛而且在黑暗中发亮？

答：基辅鸡*。

（*这个笑话有两处双关：羽毛又指核爆后空气中漂浮的羽状烟云，"基辅"是切尔诺贝利核事故发生国家乌克兰的首都，而"基辅鸡"是一道菜的名字。）

病态的笑话品味低俗且罔顾他人感受，它们的存在有何意义？很多人同意，幽默是人们面对悲剧的一种方式。我们越害怕，就越要用笑话赶走恐惧。

人们对于那些伤人的幽默往往心照不宣，只在熟人和同事之间流传，很少拿到台面上表演。

耶稣来到希尔顿酒店，拿出三根钉子对前台说："能不能把我钉起来在这里过一夜？"

用幽默解释人类行为是心理学家感兴趣的课题之一。很多事物或现象的存在得到了社会的默认，但没人敢大声说出来或在课堂上以幽默的方式展现。"我们没法直面悲剧，"波士顿大学的退休教授约瑟夫·博斯金说，"于是用幽默作为缓冲。"

笑声能把负面情绪转化成正面情绪，不管你面对的是自己还是他人的不幸。弗洛伊德说，通过笑话，我们得以表达潜意识中的暴力和性冲动，否则有些话我们未必能直接说出来。

人们说病态笑话的理由就更简单了——得到别人的尊重，至少引来关注的目光，从而让自己感觉好过。我们很小的时候便发现，在大人面前脱裤子或者说脏话往往引来哄堂大笑。随着年岁增长，我们想利用出格的幽默来获得关注和认同的欲望仍没有改变。

不少喜剧演员认为，一旦成名就再也用不着这些低级笑料了。演说家、幽默家拉里·王尔德说："这类笑话主要来自那些急着出名的年轻喜剧演员，随着经验增加，你会渐渐发现，用死亡和疾病开玩笑会让观众觉得不安。"

然而作为喜剧界的新手，要避开这些笑话其实需要很大勇气。病态笑话主要通过三个因素发挥作用：大胆（audaciousness）、震惊（shock）、惊讶（surprise），把它们首字母拼在一起恰能得出"混蛋（ASS）"一词，这也许只是巧合。不知弗洛伊德对此有何看法？

表演时间

以下练习有助进一步提高你分析笑话的技巧。

- 拿出上一章收集的笑话和卡通漫画,用幽默的两大原则——惊讶和优越感,再次对它们进行分析。指出哪些元素使观众惊讶,以及为什么带给观众优越感。
- 选一篇你喜欢的幽默文章或一个专栏,并挑出文中最有趣的段落。分析作者怎么利用关键句制造惊讶。
- 看一部你喜欢的喜剧,看到有趣的地方暂停,写下你认为它有趣的原因。别忘了我们的两大原则,惊讶和优越感。
- 和朋友分享一则你的趣事,通过观察对方的反应,再次确认惊讶和优越感在故事中扮演的角色。

第三章
幽默的配方

与其让适者生存,不如让机智者生存,这样我们所有人就可以大笑而终了。

——莉莉·汤姆林

任何一道幽默配方都包括六种材料。无论少了哪一种,都会让你感觉味道不对,而且还可能像戳破了皮的酥皮汤一样,整个儿塌将下来。无论是一句话幽默、长篇名人趣事,还是相声脚本,都少不了以下六种基本要素:

- 目标(Target)
- 敌意(Hospility)
- 现实(Realism)
- 夸张(Exaggeration)
- 情绪(Emotion)
- 惊讶(Surprise)

这道标准配方回答了两个关键问题:"什么"以及"为什么"。目标回答了什么有趣,敌意、现实、夸张和情绪告诉你为什么有趣,而惊讶则是幽默烹饪的主料。

目标：你的攻击对象

在多数人心目中，幽默是件好玩的事，其实不然。幽默只是批评披上了娱乐的外衣，它往往有特定的打击目标。

如果没人死，就没笑话可说了。

——迈克·桑基

选择适当目标是幽默作品在商业上取得成功的关键。根据第一章的 M. A. P（内容、观众、表演者）理论，作品的内容必须符合表演者（或创作者）的身份以及观众的口味。你的目标可以是任何人或事物，但必须确保观众和你"同仇敌忾"。

首先，打击面切勿过大，你不能与大部分观众为敌。虽说幽默是对现状的挑战，但设定目标时，它必须符合观众已有的敌意和偏见。

世上没有不偏不倚的幽默。正如报纸的时事讽刺漫画都有既定立场，没有笑话能在所有人的意见中取得平衡。就像著名报人 H. L. 门肯说的："我只管诊断，不管治疗。"

我讨厌接听律师电话,宁可接听性骚扰电话,至少他们是为自己打的。

——玛格丽特·史密斯

没经验的作者选择的目标往往缺乏吸引力,比如自己的男友或女友。你的另一半也许是人类史上最风趣幽默或稀奇古怪的人,但问题是,根本没人关心,除了你爸妈(没准儿他们也不关心)。除非能让观众对你的经历感同身受,否则还是在浴室里对着镜子说比较保险。

成功幽默家的目标总是具有普遍吸引力。娥玛·邦贝克的作品讲述了一名母亲苦乐掺半的经历,但内容不仅限于她家发生的事,更侧重于许多家庭主妇都曾有过的遭遇,因此会引起读者的广泛共鸣,一纸风行数十年。

设定目标时容易犯的另一错误便是,选材切入点不够小,以致内容流于空泛。以开车为例,这个题材太宽泛,很难从中发掘直达人心的幽默,因此你的切入点要尽可能小,比如女人开车时总是一心多用(对着后视镜化妆、接电话之类),如此一来,才能提高结尾关键句的命中率。

选择目标远非只是碰运气,它需要反复的思考,纯熟的技巧,以及对 M. A. P 三者关系的清晰认识。只要定位得当,从实质的人到抽象的信仰,都可以成为好的目标。以下让我们来看看几个常见目标:你自己、性、名人、地点、商品以及争议性话题。

自己:最保险话题

得罪人风险最小而且最容易奏效的目标莫过于自己。正如作家兼导演卡尔·雷纳所说:"邀请其他人和你一起取笑你自己是件好事,也许你得扮演傻瓜,但是是手握控制权的傻瓜。"

 系统总是强奸我的意志。认命吧,没准儿我注定是系统的婊子。

——德鲁·凯里

很多喜剧演员一上台就拿自己开涮:嘲笑自己的外貌、身材、财政状况乃至自己的成就。人们总是乐意取笑别人,因此这是最保险的暖场方法。一旦观众们的笑神经活络起来,你就能转入正题了。

性:最热门话题

最热门的幽默话题莫过于性,近25%的笑话和性有关。对于这一话题,人们的情绪充满矛盾。我们并非热衷谈论性,而是严肃传媒对其讳莫如深,我们只得另觅宣泄途径。

 一个老头对他的医生说:"为什么我不能一天做五次爱?"

"因为你已经75了,萨姆,"医生说,"生理上你再也不该做爱了。"

"但我朋友伯尼说他一点儿问题也没有,一天做五次,镇子上最漂亮的姑娘都追着他后头跑。他是这么说的。"

"你也这么说不就得了!"医生说。

研究表明,在性方面,男人最关心的话题包括尺寸、持久度、表现、次数、早泄以及性无能等。

 我称不上是一个好的爱人,但我至少有速度。

——德鲁·凯里

在《海蒂性学报告:男人篇》(*The Hite Report on Male Sexuality*)中,性学专家雪儿·海蒂说,男人在重视性生活的同时,也从中感到很大压力。她的研究指出,社会普遍认为男人有责任采取主动,他们应该控制射出时机,并达到一定的持久度,而且要满足伴侣的高潮需要。在这些既定印象下,男人无法表达他们在性方面的愤怒、焦虑和欲望。自从"伟哥"问世而来,关于勃起障碍的笑话便在《宋飞正传》《老友记》(*Friends*)等情景喜剧中层出不穷。

 西力士*的使用指导说,如果勃起时间超过四小时,你应该告诉你的医生。嘿,到了我这年纪,如果能超过四小时,我恨不得告诉全世界!

(*"西力士"是一种治疗男性性功能障碍的药物。)

有关于两性笑话的研究指出,不管表演者和观众的性别是什么,人们总是倾向于选择男性作为开玩笑对象,常见话题包括嘲笑他们的身体部位以及床上表现等。

 我曾经和一个既爱喝咖啡又爱喝酒的家伙约会。那可真是极品,口臭且下面发软不说,还不肯睡觉。

——克里斯·麦嘉哈

很多喜剧家喜欢开同性恋的玩笑。

 当你低头看到四颗睾丸时,就知道自己是同性恋了。

——盖瑞·山德林

女人也喜欢性笑话,因为她们和男人一样,在性事方面缺乏安全感。

 我迷恋男性性器官,它们和雪花一样,从来没有一样的。

——玛格丽特·周

男人做爱时的反应让我搞不懂。他们突然开始喊:"我来了,我来了。"真不知他们拿我当性伴侣还是见证人。

——埃米莉·莱文

名人:最廉价话题

名人也是热门攻击目标之一。名人笑料就像一道沙拉,尽管发酸且廉价,人们却百吃不厌。因为几乎所有人都崇拜名人,无论对方声名卓著还是臭名昭彰。美国媒体善于炮制偶像,无论是娱乐圈、运动界、政坛,还是文化领域。况且一个偶像至少有两次利用价值,媒体可以极尽吹嘘之能事把他捧红,又能利用各种丑闻和八卦在短时间内把他搞臭。

😎 万圣节最受欢迎的面具莫过于阿诺德·施瓦辛格的面具。为什么？因为只要含着满嘴糖果，你听起来就和他没两样了。

——柯南·奥布莱恩

地点：优越感作崇

优越感是我们拿一个地方开玩笑的最大动机。我们嘲笑某些国家，比如法国、朝鲜；某些州，比如西弗吉尼亚、新泽西；某些城市，比如纽约、华盛顿特区；还有一些只有当地人才知道的地点，比如某个社区、某条街、某间酒吧、某条情侣小路等。每个幽默家夹袋里都有那么几个地名。

 我从纽约搬到了俄亥俄州的雅典市。说到文化差异，我从一个人们永远不睡觉的城市来到了一个人们永远醒不来的城市。

——梅尔·赫利泽

商品：最大笑料来源

数之不尽的商品是人们最大的笑料来源，从建筑到汽车，从体育用品到珠宝首饰再到垃圾食品，都可以成为你的目标，但你必须确保观众和你对目标的态度一致，你可以先抛出关键句，再加以解释，但不必急于表明态度，直至你确定观众的意见倒向何方。如果观众群里有一大帮猎人，以下两则艾伦·德杰尼勒斯的笑话你还是别提为妙。

鹿头标本挂在墙上已经够糟了，更糟的是，它被人架上一副墨镜，脖子上披着几条彩带，鹿角上戴着一顶帽子，仿佛要告诉别人：这头鹿被人猎杀前正在开派对。

我告诉一个拥有一把 AK-47 机关枪的人：如果你打光一百发子弹才能射倒一头鹿，打猎这项运动也许不适合你。

争议性话题：有利有弊

很多争议性话题都是绝好的幽默题材，比如宗教、生命和死亡的意义以及政治，等等。那些擅长花言巧语的政客，往往成为深夜谈话节目主持人的开场白。一个好的题目少不了惹来麻烦，因为观众不会把政治倾向和立场写在脸上。因此每当有人向大卫·莱特曼索要他的谈话秀门票时，他都得小心处理，以防那些不懂得欣赏他幽默的人进场。

没有人的父母是完美的，就连耶稣也有个疏远的父亲和控制狂母亲。如果我父亲允许我被钉在十字架上，我很难再信任别人。

——鲍勃·史密斯

虽说优越感是幽默产生的源头之一，但喜剧不总是批评他人，你也可以自己提出一个有趣的点子。"幽默诞生时，走的是打倒一切的无政府主义道路，"政治幽默家马克·卡茨说，"现在它更多是朝着提倡某些东西的方向演变。"

成为双性恋能马上使你星期六晚上约会的概率翻倍。

——伍迪·艾伦

表演时间

正如你所见,幽默的潜在目标不计其数。花点时间,列出七至十个可能的对象或主题。

我们在第一章说过,题材必须符合创作者的身份和性格。每个表演者都有一些表演起来得心应手的题材,从你列出的名单中,挑出三个你偏好的目标。

敌意

幽默配方的第二道材料是敌意。人非圣贤,更非草木,每个人都不免对某个人或某一事物心存敌意,嘲笑对方正是释放敌意的有效途径。你听过关于两个人和睦、快乐相处的笑话吗?当然没有。当一个挺着啤酒肚的蓝领工人从前门进来,对他凶巴巴的老婆说:"这会儿有空吗?咱俩来干一架。"——幽默自然产生了。

以下我们来讨论一下敌意(带来幽默)的共同来源:权威、金钱、家庭问题、忧虑、科技以及群体差异。

权威

幽默是平头百姓对那些或大或小的权威人物宣泄不满的途

径，它无分国界。美国自独立战争以来，仇视权威便成为一个国家传统。

我在字典上查"政治（politics）"一词，这词由poli和tics两部分组成，前者的意思是"很多"，后者是"吸血虫"。

——杰伊·莱诺

这种敌意的特点是由下而上，我们的攻击对象是那些职位比我们高或社会地位比我们优越的人。

参议员们立法把参议院的公共区域都划为非吸烟区，但他们自己仍能在会议室里头对着彼此的屁股吞云吐雾（美俚，意为假惺惺地称赞对方）。

——比尔·马赫

黑人喜剧家理查德·普赖尔的观众主要是年轻的黑人激进分子，还有部分年轻的白人自由主义者，两者的共同点是仇视白人权威。普赖尔曾因老婆威胁要离开他而向她的车子开枪，后被警察拘捕，这事一度成为报纸头条，闹得沸沸扬扬。且看他如何向观众解释事情始末（留意他如何用警察代表整个白人权威）：

这辈子再也不要让我见到半个警察，我不想他们闯进我的房子，把我扔进监狱，罪名是谋杀我的车子。我谋杀它出于正当理由，因为我老婆要驾着它离开我。"你要走就走，不能开着这车子走，因为我要杀了它。"我说。我有一支老式麦格农手枪，你知道那玩意儿声音有多大。我向车子开了第一枪，"砰！"。车子还在走，但车里传来"啊呀呀"的叫声。我感觉很好，于是开了第二枪，"砰！" "啊呀呀！"那车子仿佛在说："来呀，射别的地方看看。"于是我对着引擎开一枪，引擎掉下来了，我仿佛听到它说："我靠。"

有的读者也许觉得普赖尔式幽默过于粗俗，但在同行眼里，他是喜剧天才——他是马克·吐温幽默大奖的首届得主。

敌意式幽默只指向比你权位高的人。比如，初出茅庐的大学生讥讽社会上的富商名流，但不会针对他们的学弟学妹写幽默段子；老师之间很少会拿学生开玩笑，更多是针对僵化古板的学校管理层；在军队里，士官嘲笑下级军官，下级军官嘲笑高级军官，高级军官嘲笑司令员，军中曾经流传这么个段子：麦克阿瑟将军的老婆劝他信教，哪个教都可以，只要不是他当上帝。

敌意的存在催生了幽默中的极端怀疑主义，其信奉者认为：没有人是神圣而不可嘲笑的。在宪法第一修正案的保护下，幽默家可以不受拘束地批评神祇、名人和政客，并尽情沐浴在观众的笑声和掌声中。幽默杂志《国民讽刺》（*National Lampoon*）的发行人马蒂·西蒙斯说，越南战争和水门事件使人们对传统价值产生怀疑，这种情绪一度弥漫全国，这也正是这本杂志得以诞生并大获成功的原因。有了批评自由，你还要有观点和想法。一位喜剧家承认，敌意若无的放矢，往往会沦为失败的意淫。"没错，我在批评美国总统，但人家住在白宫，而我只能在地下剧场说着粗俗的笑话。"

当某个傻蛋政客竞选连任时，幽默家往往很犯难，因为投给他有违良心，但有他当政一天，他们就不愁没笑料。有人问专栏作家阿特·包可华打算什么时候退休,他回答道:"反正眼下没这打算,现在幽默这口饭太容易吃了。"

 德州议会流传这么个说法:如果你不喝他们的威士忌,和他们的女人上床,收受他们的金钱,投票反对他们,你根本不属于这里。

——莫莉·艾文斯

金钱

男人承认性是他们想得最多的事;至于女人,研究表明,她们关心财政多于性。然而无论男性还是女性,金钱都能引起他们的焦虑和敌意。

 终有一天,我要变得很有钱。有的人因为太有钱,以致失去了对人性的尊重,这正是我追求的境界。

——丽塔·拉德纳

如果你想知道上帝如何看待金钱,看看那些被他变富有的人就知道了。

——桃乐茜·帕克

讽刺的是,人们有钱了才会忧心金钱问题,钱越多,问题也就越多。光是买一件东西就能引起人们至少四重焦虑:首先,你得挣扎自己是否真的需要这东西;接下来你得决定买哪个牌子,这意味着搜集资料并作比较;然后你得跟人讨价还价,操心怎么还信用卡账单;最后总算东西到手了,日后的维修保养也是桩烦心事。

终其一生,金钱多多少少会困扰每一个人。如果你想向观众表明，你和他们面临同样的问题，最好的（也是争议最小的）方法莫过于在财政问题上做文章。这类型的笑话多半和商业行为有关。商业笑话的敌意往往同时指向两个方面：经济和权威。

 有个办法可以同时解决医疗保险和太空总署的预算问题：把老年人全部送上太空。

——阿尔·弗兰肯

很多话题可以作为财政笑话的目标：管理层阴谋、工资、税务、投资、赌博、彩票、信用卡，等等。

 我的信用卡两个月前被偷了，但我不打算报失，因为偷它的人比我老婆用得少。

——约翰尼·卡尔森

家庭问题

把家庭责任、限制和利益冲突等作为目标，无须多加解释观众便能心领神会，其中，搞卫生、账单和煮饭是家庭幽默最常见的话题。

 我做家务的准则是：除非东西着火、发臭，繁衍出别的东西或严重堵塞冰箱门，不然由它好了。反正没人在乎，你何必操这心？

——娥玛·邦贝克

说起打扫房子，最让我兴奋的日子莫过于西尔斯百货的人上门推销吸尘器。

——罗西妮·巴尔

我离开了我的前妻,因为她和我离婚了。我没法忍受生活在如此压抑中,但我依然爱我的前妻,今天我给她打了个电话:"喂,原告吗……"

——斯基普·斯蒂芬森

我想成为一位女演员,我对我妈说:"我想在某个我不在乎的人面前表达出强烈的情感,哭出真的眼泪。"她说:"当个家庭主妇吧。"她希望我结婚时仍是处女,但我认为一个女人结婚时,至少和其他人有过一次糟糕的经历。一位女性朋友告诉我,她对丈夫恨之入骨,他死后,她把他火化了,并把骨灰混着大麻一起吸。她说:"这是这些年来,他让我感觉最愉快的一次。"

——莫琳·墨菲

小孩子,尤其是十来岁的青少年,是家庭笑话的常见目标,有时小宝宝也不能幸免(比尔·考斯比说,他们不时表现出永久性的脑残症状)。为人父母当然没法撂挑子不干,只能开开这帮小祖宗的玩笑缓解压力。

建立一个家庭,好比在你脑子里建一条保龄球道。

——马丁·马尔

养孩子不总是付出,也有收获的时候。

母亲节贺卡:妈妈,你是最棒的!至少建筑工地那帮家伙是这么说的!

孩子是拼字游戏的最理想对手,你不仅能轻易打败他们,而且糊弄起来也很好玩。

——弗兰·勒波维茨

忧虑

忧虑是一种过分理性,戳破人们对美好童话的向往,认为每个快乐的开头都注定有个不快乐的结局。它把那些人们只在私下讨论的问题,用夸张的幽默放大了进行审视,常见话题包括:对死亡的恐惧、身体残疾、精神症状如妄想症、不安全感、自恋症以及某些古怪的性癖好等。

 你试过和某个人约会只因为你懒得自杀吗?

——朱迪·特努塔

这类型题材经伍迪·艾伦之手变得流行。"我善于把痛苦商业化,"他写道,"当我决定这部电影叫《爱与死》(*Love and Death*)时,脑子里马上有了如下构思:用闹剧表现空虚与绝望,用笑话表现焦虑和恐惧,接下来,死亡、折磨、担忧等挨个上。简而言之,这是喜剧作家的标准套路。"

 人们在丧礼上对死者极尽溢美之词,这让我很难过,因为我只差几天没法赶上自己的丧礼。

——加里森·凯勒

科技

20世纪早期,机械化的迅速扩张使人们陷入沮丧和恐惧,查理·卓别林正是利用这种情绪让观众发笑。具有讽刺意味的是到了90年代，IBM（International Business Machines Corporation，国际商业机器公司）却利用卓别林的形象大做广告。要知道，他老人家如果仍在世只会取笑电脑，绝不会推销电脑。

 电脑操作是如此简单，你只需具备一点儿常识，一点儿想象力，还有750的智商。

——戴夫·巴里

失去对周遭事物的控制使人们感到绝望，并因此产生对科技的敌意。工业化学造成环境污染，新型药物造成自杀率上升，五光十色的广告促使人们疯狂追逐潮流。面对恐怖主义、外太空入侵以及地球本身的变异带来的恐惧，幽默也许是人类唯一理性且可行的自我拯救方法。

 人们问约翰·格伦，当他乘坐的太空舱头一次准备发射时他有何感想。他说："我环顾四周，突然意识到：这里所有东西都是出价最低的承建商造的。"

群体差异

嘲笑其他社会群体的性格和信仰，是最饱受争议的幽默题材。它迎合了我们的原始本能——偏见和不安全感，我们通过取笑异己者，使自身优越感得到满足，好比小组讨论式的心理治疗。

理智的人制订退休计划，红脖子佬则不然，他们这辈子只指望彩票。这是我们的计划：哪天中了大奖，就在拖车车厢里加一间房，这样一来就不必和外公挤着睡了。

——杰夫·福克斯沃西

我们害怕来自其他种族或宗教人群的威胁，于是取笑他们的外貌、口音、体味、生活习惯，以及任何我们觉得古怪的特征。对于那些在性、药物、教育、职业，甚至音乐、文学乃至幽默方面和我们持不同态度的人，我们也心存恐惧。当我们占大多数时，幽默就成为我们批评他人的利器。

我在巴黎坐上一辆出租车，开车那家伙闻起来，就像他一边啃奶酪，一边在屠宰场的化粪池里烫头发。

——丹尼斯·米勒

你知道阿米什人*怎么打猎吗？他们偷偷走近一头鹿，并围着它建起一个牲口圈。

——蒂姆·贝多尔

（*"阿米什人"，通常被认为拒绝使用现代科技。）

幽默是一宗我们不自知的罪。（即便你意识到了，也无助减轻其罪咎，只能妨碍我们乐在其中。）一开始，带有歧视意味的笑话只在白种蓝领工人当中流行，但社会对这种幽默的接受度越来越大，愿意掏腰包去听的观众也越来越多，时至今日，几乎从任何背景的喜剧表演者口中，你都能听到这类型的笑话。

> 墨西哥人不去森林里野营，尤其在狩猎季节。因为有的红脖子佬会向法官申辩："大人，我看到棕色的皮肤和棕色的眼珠子，他的手举起来了，我以为是鹿角，于是对着他屁股开枪了。"
>
> ——保罗·罗德里格斯

> 非洲裔美国人和韩裔美国人应该放下对彼此的成见，把精力放到真正重要的事情上面：仇视白人！
>
> ——玛格丽特·周

切奇·马林和汤米·钟是电影史上最成功的喜剧搭档，他们对自己的幽默有如下描述：

> 我们的笑话也许还是50年前那一套，但年轻观众不认为它们老掉牙，反而觉得很新鲜。如果你是白皮肤，你害怕和你不同肤色、不同宗教的人。如果你是黑皮肤或棕皮肤，你害怕别的东西，比如吃不饱、没地方住。只消加入几个关于嗑药和穷光蛋的笑话，还有失败者如何处处碰壁，万试万灵。我们用粗暴且残忍的幽默方式迎合人类的劣根性，模仿并嘲笑娘娘腔的同性恋、愚蠢的金发女郎、不识字的墨西哥人、贪婪的犹太人。为了迎合观众，无所不用其极。

里德·福克斯说，他的笑话都是从贫民窟听来的，因此粗野之极，"我们不会遣词造句，也不想知道什么蓝衣小男孩和灰姑娘，如果他们不喜欢听大可以滚蛋！"以下一则关于种族歧视的幽默广为流传，它讽刺的正是美国的多数族裔。

在一个中西部小城市，居住着四位医生太太。某个周末她们决定去纽约曼哈顿购物。丈夫担心她们的安全，于是对她们说："如果有人想抢你们的皮夹或者珠宝，千万不要反抗，照他们说的做，明白了吗？"

第二天早上她们住进一所酒店，当她们坐电梯上楼时，一名衣着得体的黑人男子牵着一只大杜宾犬走进电梯，他向四位太太看了一眼，然后对它的狗说："坐下！"话音刚落，四位太太都坐在了地板上。

每个作家都对幽默有不同的定义，莎士比亚说："简洁是幽默的灵魂。"毛姆说："不协调是幽默的灵魂。"但也许敌意才是幽默真正的灵魂。不过如果每个人的想法都如出一辙，世上就没有幽默可言了。

表演时间

弗洛伊德认为，抑郁是愤怒内化的结果，那么幽默也许是愤怒利益化的结果。幽默底下隐藏着敌意，利用你的愤怒是创作笑话的最佳方法（而且是比看医生廉价得多的心理疗法）。

列出你讨厌的人、物体或者话题，不要有所保留，然后分别说明他们使你沮丧的原因。尽可能夸大你的情绪，宣泄你的怒气。这个练习可以帮你把目标范围缩窄到真正让你愤怒的事物上,从而在创作幽默时做到有的放矢。

现实

幽默配方的第三道配料是现实。剧作家拉里·吉尔巴特说:"好笑话大多道出一个辛酸的真相。"没有现实作为基础,很难引起观众共鸣。但笑话也扭曲现实,因此我们的挑战在于:如何在说出真相的同时夸大现实。

夸张是现实的对立面,要在一则笑话里同时做到两者,听起来很荒唐,但好的幽默作品正是矛盾结合体——使合理和不合理的事物共存,惊讶由此产生。结合现实和夸张是一种横向思考,商业大师经常用这种方法解决问题和发掘新点子。这种思维方式的目的是打破惯性思维,跳出常规模式。几千年来,喜剧家们正是这么做的。

最高法院大法官桑德拉·奥康纳和其他几位法官一起去餐厅吃午饭,服务员先问她要吃什么。"我要一份牛扒三明治和一杯咖啡。"
"那么蔬菜*呢?"服务员问。奥康纳说:"哦,他们总是和我一样。"
(*"蔬菜"指其他法官总是对她唯唯诺诺,与植物无异。)

幽默创作的两个最基本的步骤是:第一,陈述一个常见现象;第二,安排一个意外逆转。

如果你从未想过杀死你的伴侣,说明你没有真正爱过一个人;如果你从未捧着一盒老鼠药并看着它长时间出神,说明你没有真正爱过一个人。

——克里斯·洛克

我们第二章说过,突兀的幽默正是把两种或以上对立的情况放在一起。幽默作家斯蒂芬·里柯克说:"幽默源自鲜明对比,比如一件东西现在的样子,它本该有的样子,以及它变形导致不该有的样子之间的对比。"

 如果这世界是正常的,为什么热狗肠一袋十根,而热狗面包一袋只有八个?

——罗伯特·沃尔

桃乐茜·帕克曾写道:"妙语和玩笑的区别是,前者包含真相,后者只是用语言做柔软体操。"(若以现实为据,很多东西不言自明,蕴藏深刻含义的解颐妙语往往来源于真实生活。)

 要娱乐他人,你要做的就是倾听,没什么比打断别人的话更恼人。

——罗伯特·奥本

想象一下孩子的笑话,你更能体会现实因素对幽默的重要性。他们的笑话结合了对现实率直和天真的幻想,总能让成年人忍俊不禁,因为这带给他们某种善意的优越感,或者说善意的专制权,假如有这个说法的话。

> 一位老祖母正在逗四岁的孙女玩。她们都有着淡褐色的眼珠，于是祖母自豪地问孙女："你知道你的眼珠从哪里来吗？"孙女想了一会儿回答道："知道，祖母，安在我脑袋里来的。"

要想"笑果"显著，幽默中的事实必须符合以下要求：人物关系清晰，时间和地点为人们熟悉，敌意指向的目标能引起多数观众共鸣。当然，扭曲事实也能产生幽默，但效果肯定大打折扣。总而言之，幽默应尽可能符合现实。

夸张

幽默配方的第四道配料是夸张。现实和夸张如何并行不悖？既然允许诗人天马行空，也就允许幽默家在现实基础上，展开无限想象和联想。无论笑话有多夸张，只要表演者把自己置身其中，来一句"你以为我会相信这一套"？从旁观者变为参与者，观众很少会提出质疑。

好消息是，观众看喜剧时都乐意暂时放下批判和怀疑的眼光，我们允许幽默家利用夸张修辞，公然歪曲现实，恣意夸大数字，为的是告诉大家："嘿，这不过是个笑话！"好比马戏小丑踩到香蕉皮，在台上夸张地来个后空翻再摔个四仰八叉，这场面总让我们乐不可支，因为我们知道小丑最终会爬起来，这就是喜剧。如果他爬不起来，那就是悲剧了。

另一个结合"有可能"和"不可能"的经典段子便是，一家报纸曾经把两幅图放在一个版面上：第一幅是一位老太太新当选为本地妇女共和党人俱乐部的主席；第二幅是动物园里新来了一头大猩猩。不幸的是，报纸把两幅图的图片说明写反了。编辑忙中出错，这是有可能的。但故事的幽默来自接下来的"不可能"：这家报纸后来因为诽谤而成为被告，原告是那只大猩猩！

情绪

第五道配料是情绪。光有敌意和夸张并不够，你还得让观众有所期待，关键在于运用铺垫技巧，使他们产生紧张或焦虑的情绪。假设敌意是一只气球，当你在观众当中制造紧张情绪，好比一点一点地往气球里充气，当他们的期望值达到最高点，气球炸开，把观众炸得先是一愣，回过神来接着哄堂大笑。

每个表演者都有其独特的个性，其他人可以剽窃你的笑话，但无法偷走你的舞台魅力。（对于缺乏舞台魅力的人，多好笑的笑话经他口中说出来也会变得乏味。）幽默家拉里·王尔德曾经说过："喜剧有着和音乐一样编排严谨、有规可循的旋律和节奏。"

喜剧演员比一般演员需要更多能量与活力。很多喜剧演员能转型为严肃演员，但你很少听说严肃演员能转型为喜剧演员的。劳伦斯·奥利弗爵士在电影《艺人》（The Entertainer）中饰演一名小剧场的喜剧演员，获得当年奥斯卡最佳男演员提名。当人们问他如何演活了这个角色的拙劣时，他回答道："我不是故意把他演得这么糟的，我只是努力照我平时的方法演。"就算是一流的演员化身喜剧演员也难免格格不入，但奥利弗的失败演绎正好歪打正着。

演员调动观众情绪的能力，说白了就是如何通过声音、动作和激情，把干巴巴的剧本转化成活生生的表演，它很大程度靠的是演员的经验：知道什么时候应该暂停，暂停多久，什么时候换个口吻或调子带动气氛，有时候千言万语也比不上一个手势有说服力。

伍迪·艾伦说过，现场喜剧就是一个有趣的人在表演，而不是一个人在表演有趣的东西。一台喜剧成功与否，往往取决的不是笑话，而是演员的个性和魅力本身。

惊讶

幽默配方的最后一道材料也是主料，便是惊讶。我们在上一章已经讨论过，惊讶是人们发笑的主要原因之一，它也是堆砌一个笑话最关键的一块积木。举个例子，在查理·卓别林的电影里有这样一幕：坏蛋正追着一个女孩，在人行道上有一块香蕉皮，镜头便在香蕉皮和越追越近的坏蛋之间快速切换。当所有人都以为坏蛋会踩上香蕉皮时，他眼角瞄到这块香蕉皮并跳过了它，但随即栽进了香蕉皮前一个敞开的下水道口里。

当你说完一个笑话，马上就知道你精心铺垫的惊讶结尾是否奏效，因为这不像演讲或戏剧或演奏，无论你表现多糟糕，观众也会礼貌地鼓掌，但一个笑话失败了，你将面对冰原一般的死寂。

无论一个笑话写得有多好，如果你事先提示观众便注定了失败。很多新手表演者在抛出一个关键句或重磅笑料前，眉梢眼角会不经意显露笑意，有的人甚至打手势示意观众安静下来，"嘿，大家听好了！"然后抛出酝酿多时的重磅笑料。然而一旦观众有所准备，笑话效果便会大打折扣，甚至造成一系列多米诺骨牌效应：表演者眼见反应不佳，渐渐失去信心，于是继续对观众施压，强迫对方非笑不可，表演者越刻意，观众越笑不出来。

"喜剧好比出其不意地抽走观众坐着的毯子，"吉恩·佩雷特如是说,"首先你得让他们站起来。你得瞒过他们,一旦他们发现你想抽走毯子,他们就会走开了。"

 森林里有两条分岔路,我选择走巡警比较少走的那条。

表演时间

让我们复习一下喜剧的六道配方——目标、敌意、现实、夸张、情绪以及惊讶的结尾,看看其如何发挥作用。在以下一则故事中,指出哪些元素分别相当于哪道材料。(本章结尾附参考答案。)

 一位老卡车司机正在路边饭馆吃午饭,这时来了三个开飞车的小流氓,他们发型夸张,穿着黑色皮夹克,上面缀满纳粹十字和骷髅头。他们停好摩托车后走进饭馆,一眼看到老司机,便开始拿他开玩笑,拿走他的食物,把他推下椅子,并嘲笑他的年纪。老司机什么也没说,默默从地板上站起来,付过账便走出了门外。其中一名飞车党眼见没能惹怒老司机,不满地对女招待说:"作为男人他还真不够格,是吧?""是啊,"女招待边说边望向窗外,"作为司机他也不够格,他刚刚倒车碾过了三辆摩托车。"

参考答案

以下是 57 页练习的参考答案：

我们的幽默配方是否适用于以上笑话？答案是肯定的，因为每道材料都与故事中的元素相对应。

目标：小流氓。

敌意：利用人们对青少年犯罪渐增的不满。

现实：也许有人质疑哪里会有这么拽的小流氓。

夸张：其实安排一个小流氓也够了，但三个更能加强效果，作者还列出三个他们挑衅性的举动。结尾也是夸张，老司机不可能这么快而且悄无声息地碾过三辆摩托车。

情绪：故事一点一点地堆积起读者的愤慨：描述小流氓的打扮，他们仗着人多欺负一位老人，而且举动极其幼稚。看到老司机不做抵抗，我们甚至一度有点儿失望。

惊讶：在最后一句话达到高潮。

第二部分

幽默的写作技巧

第四章
文字游戏

 我老婆让我加入了一个桥牌俱乐部,第二周我就跳"桥"了。

——罗德尼·丹泽菲尔德

笑话从哪里来?当然,我们身边不时会发生一些有趣的事,如果你有这份心思,把这些经历添油加醋或去芜存菁,再用夸张的口吻告诉别人,就成了笑话,你也成了别人眼里的开心果。

但专业的幽默作家是靠这个吃饭的,不能天天坐等趣事降临在自己头上。他们的写作素材主要来自两个方面:第一是对旧笑料进行再加工,改头换面再重新上碟;第二则是从本地、国内或国际新闻里寻找新的创作灵感。

作为新手,即便你有世上最全的笑话集子,也不能过分依赖老笑话,因为别人的笑话多半并不适合你,因此只能采取第二种方法:创作属于自己的笑话。这就要求你观察电视电影里人们的举动,阅读报纸杂志上的文章,多问问自己:"如果……呢?"还有,学会玩文字游戏。

😎 我刚和一个女人分手了,她对我说的最后一句话是"你再也别指望找到和我一样的人"。我心想:我当然不指望,我不就因为这个才和你分手的吗?如果我不想和你在一起,为什么要找个和你一样的人?难道有人分手时会对对方说:"你有没有个双胞胎姐妹?"

——拉里·米勒

超过一半幽默基于文字游戏。文字游戏说白了,玩的就是变体,它的原形可以是一句俗语、一句格言、一句引语、一句口号、一本书、一部电影或一首歌的名字——总而言之,任何人们耳熟能详的表述方式。它利用双关、同音、形近等技巧对其进行改写。举个例子,"要抵达一个男人的心,就得通过他的胃"被窜改为:

最快到达一个男人的心的方式就是穿过他的胸膛。

——罗西妮·巴尔

滑稽剧以肢体动作为主,世界任何一个角落的观众都能欣赏;文字游戏就不一样了,它受制于观众的语言习惯和文化背景,同一个笑话,换一个地方演出,或翻译成另一种语言,往往就不是那么回事了。

所有幽默作家都运用过文字游戏,任何成功的幽默作品都包含相当比例的文字游戏。它是一切俏皮话、顺口溜、打油诗的基础,从小孩子的流行语到政客之间的含沙射影都少不了。幽默作家 S. J. 佩雷尔曼(著有《我们的一艘舞台飞船不见了》[One of our stage-craft is missing] 以及《吊死父亲》[Stringing Up Father])

和汤姆·斯托帕德(著有《我有勇气证明我没有信念》[*I have the courage of my lack of convictions*])都是个中高手。文字游戏是幽默作家的第二本能,就和系鞋带一样稀松平常。

乔治·卡林是喜剧界的语言大师。他的三部畅销书《大脑的粪便》(*Brain Droppings*)、《凝固汽油弹和橡皮泥》(*Napalm & Silly Putty*)和《耶稣何时带来猪排?》(*When Will Jesus Bring the Pork Chops?*),便大量运用文字游戏。

在接下来几个章节,我们会对几项最重要的文字游戏运用技巧进行详细阐述。

幽默中的老套

有的话被重复的次数太多,已经失去了最初的效果,因此沦为老套。有的人喜欢每盘菜都撒上盐,也不管有无必要,吃得人舌头发麻。老套的笑话也是如此,人们在谈话、信件、政治演讲、文学作品中都喜欢来这么几句人人都听过几百遍的笑话,让人笑也不是,不笑也不好。如果你想把话说得生动明白,又不愿动脑筋想新点子,套用几句经典妙语或老掉牙的笑话不失为捷径,但有的人能把这些老调弹出新意,让人耳目一新:

 我听说狗是男人最好的朋友,我还纳闷呢,男人从哪里得到的卫生建议。

——凯利·马奎尔

你笑,全世界和你一起笑;你哭,全世界一起笑你。

——卡琳·莱臣

利用同音字、形近字替换原文字眼,往往能使那些老话、套话焕发新意。这种方法多以一句话幽默的形式出现，例如报刊照片或卡通的图片说明、贺卡、新闻标题或广告文案、汽车贴纸、书或者文章的标题等。

这种幽默形式好比先发动观众的思维列车，当它全速运行时幽默作家再出其不意地改变它的轨道，让它脱轨。当一句老话说到一半时，观众以为自己猜到了下半句，思维自然顺着那个方向驶去。因此上半句一定要有误导性，直至最后一刻突然来个急转弯，由此产生的惊讶将使观众发笑。接下来你将会看到，几种老话新编的模式。

每天晚上我都和陌生女孩睡。同一个女孩，我跟她一直熟不起来。

——迈克尔·戴维斯

在上述例子中，观众都把陌生解读为"每晚不同的女孩"，结果却是和人家熟不起来。

有人问我看电影时有没有看到很多性爱场面，我反问他们，我怎么知道？我看的是电影，又不是观众。

——梅尔·赫利泽

性和暴力是电影和电视的永恒主题，观众自然认为，你要说的是屏幕上的性爱镜头，结果却是黑暗中的观众们。

一语双关

双关就是在表面意义之下有另一个意思，大概有40%老话改编的笑话都是基于这一技巧。看看这些广告标语：

小便池告示：一停二看三释放。

工艺品广告：实话说，我被"诓"（框）了。

还有一种模式便是，当观众以为是前一种意思时，你却拐向了另一个意思。

欧文开店赚了很多钱，于是花大价钱买了一匹赛马。有一天马有点儿不对劲，他请了兽医来看。
"我的马病了吗？"欧文问。
"她的健康出了毛病，"兽医说，"但我们会治好她。"
"那么，我们能参加比赛吗？"
"当然可以，而且你很可能会跑赢她。"

——迈伦·科恩

"我们"这个词在口语上有两个意思，一是指自己，二是指自己和马，于是误会便产生了。

每当有新词进入我们的语言系统，便是幽默家们大显身手的好时机。

他们把女佣称为广告清洁员，因为她们总是到广告时间才打扫。

有人以为：既然双关语这么多，使用起来还不是信手拈来？但你必须像园丁一样精心培植它们，稍有不慎，你只会得到满院杂草。除此以外，正因为它们在幽默世界里如此常见，有时即便反应最慢的观众也能猜到结果，你必须小心隐藏你的真正意图，否则会失去最后的惊喜。

双关语创作

"这"是双关里常用的字眼,因为它能代表成百上千种意思,而且经常被用作性事的讳称。例如,图书管理员边看书边干这个,而律师都在做简报时干这个。

 朋友告诉他一个性笑话,他愣是没听明白,在回家的路上还在边走边想:等我回家就有了,对,等我回家就有了。

双关的另一常用字眼便是"在……里",它也往往带有性暗示。

 "在六月里可真棒。"
"是啊,但她姐姐芭芭拉更正点。"(六月常用作人名)

但双关语的第二重含义不一定都有性意味。

 有个人牵着自家的狗逛街,遇到一位朋友。朋友对他的狗很感兴趣。
"我花1500美元买的。"狗主人说。
"这价钱买只杂种狗太贵了吧?"朋友说。
"谁说是杂种狗?这可是艾尔谷犬和牛的混血。"
"什么,哪部分是牛?"
"价钱的部分最牛。"

高明的双关语往往是反话正说或语带讽刺。说反话指说话人的真正意图和表面意思截然相反,讽刺更是话里藏针,带有攻击性。以下是说反话的典型例子:喜剧演员鲍勃·霍普到军队医院慰问,一进病房就冲着受伤的步兵们说:"请大家不要起来迎接我!"

反话有很多种说法,大多是在常见的表达方式里,引出另一重让人大跌眼镜的意思。

希拉里·克林顿曾经给比尔买了一条狗。她说这是她做的最聪明的一单买卖。("比尔"和"账单"是同一单词。)

表演时间

让我们来热个身,练习如何运用"这个"。完成以下句子,然后和本章结尾的例子对照。

- 喜剧演员干这个的时候……
- 舞者干这个的时候……
- 银行家干这个的时候……
- 数学老师干这个的时候……
- 出版人干这个的时候……
- 铺地毯的工人干这个的时候……
- 投球手干这个的时候……

口误

这是指说话人不小心说错了某个词、短语或句子,从而产生幽默效果，它必须是人无意识（或假装无意识）说出的。乔治·伯恩斯和格雷西·艾伦演了30年喜剧靠的其实就是这一招，其他经典电视角色如《全家福》（*All in the Family*）里的阿奇·邦克，《老友记》里的乔伊，都是口误大王。翻开每天的娱乐新闻版，简直就是名人口误荟萃。当经纪人没有新闻可炒作时，便安排艺人们故意说错点什么，记者听了如获至宝，没准儿又是几天头条。著名电影制片人塞缪尔·高德温的口误频率可谓无出其右，以致人们把口误体戏称为戈尔德温体。他的部分语录如下：

包括我在外。

一份口头合约不值得浪费一张纸打印。

每个汤姆、迪克和哈里都叫威廉。

前洋基队教练卡西·史丹格尔和捕手尤吉·贝拉以言辞犀利、字字珠玑著称，偶尔口误丝毫不影响他们的传奇地位。

我们赢了你就赢不了。

——尤吉·贝拉

如果人们不想来看球，没人会阻止他们来。

——卡西·史丹格尔

棒球90%玩的是心理，其余一半靠体力。

——尤吉·贝拉

这家餐馆太有名，都没人去了。

——尤吉·贝拉

政客们糟蹋语言的本事，使他们成为幽默作家笔下的最爱。以老布什的副总统丹·奎尔为例：

如果我们不成功，就要冒失败的风险。

不是污染物在危害我们的环境，而是空气和水体中的不洁成分。

小布什当政八年，在他的公开发言当中，语法错误、逻辑混乱，甚至自创单词层出不穷，加起来能出一本书：

我答应大家，我会细心聆听现场每一个人说的话，即便我不在这里。

喜剧界有个颠扑不破的真理：同一话题的笑料切忌出现三次，对一些作家来说，两次都嫌多了。同理，我们也不该在一个笑话里反复运用同一技巧。但以下加州城市银行的广告是个例外，作者连续六次用到谐音造成的口误，但越到后面越是使人忍俊不禁。

［电话铃响了］

女儿：这里是史密斯家。

爸爸：嗨，甜心，叫妈妈听电话。

女儿：妈妈，爸爸找你。

妈妈：问他什么事，我的手正搁在洗碗池里。

女儿：妈问什么事，她的手正搁在金鱼缸里。

爸爸：告诉她我去了城市银行。

女儿：他说他惹了麻烦。

妈妈：怎么回事？

女儿：怎么回事？

爸爸：信托的事。

女儿：灯光架的事。

妈妈：灯光架？哪个灯光架？

女儿：哪个？

爸爸：人寿保险信托，宝贝，城市银行的。

女儿：发光T恤的灯光架，妈妈。

妈妈：发光T恤的灯光架？

爸爸：不让税务官成为我的受益人那个。

女儿：不让吃豆人吃掉我的小金鱼那个。

妈妈：他到底在说什么呢？

女儿：妈妈问你到底在说什么。

画外音：欢迎光临城市银行，我们会告诉你，你的"灯光架"如何保护你的"发光T恤"。

运用口误的目的是给观众一个机会去嘲笑说话人糟糕的语言水平，让他们从中产生优越感。正如我们前面所说的，优越感是人们发笑的主要动机之一。

自相矛盾

自相矛盾也是出产幽默的一处富矿，在贺卡和T恤上尤其常见。以下是一些典型例子：

- 找到的失去了
- 活着死去
- 愉快的悲伤
- 寓工作于休假

- 占多数的一半
- 柔软的岩石
- 消逝的生命
- 塑料玻璃杯
- 独自团聚
- 精确估算
- 录播现场
- 稀疏的人群
- 平凡的异数

表演时间

体会文字的微妙是成为一名幽默作家的关键。以下练习能帮助你提高运用文字游戏的技巧。

- 从词典里找出十个你不知道意思的单词,不能看解释!把它们分别写在索引卡上,根据其偏旁部首猜测它的意思,并写在卡片背面。
- 记得上一章我们让你列出的十个幽默的潜在目标吗?在网上搜索分别和这十个目标有关的俗语、格言或者名人名言,然后用这一章学到的技巧对它们进行改写。

所有幽默作家一开始都只有一名听众,但如果想在商业上取得成功,你必须想办法扩大观众群。你不妨把你在练习上写的东西挂到网上的主题交流社区,看看大家反响如何。建议可以采用以下几种形式:

- 用"每日一句"做大字标题；
- 把改写的句子说成是某个名人说的，当然，这句话要符合对方身份；
- 改编某句名人名言，并署名为另一位名人。例如，弗洛伊德有句名言："有时，一根雪茄只是一根雪茄。"你把它改编为：克林顿说："有时，一根雪茄不仅是一根雪茄。"（影射克林顿"雪茄门"事件）；
- 给自己起个笔名或网名发布这些内容。

改写

这是文字游戏的重要技巧，通过改动某个词、表达方式、成语或常用说法，扭转整句话的意思或说话人的角度。以下是改写的几种方式：

1. 调整词语顺序。通过改变原句中各个词的顺序，创造出一句看起来很相似但意思截然不同的话。有个关于醉酒的笑话是这样的：我没有你醉得那么想。

2. 改变一句话的几个关键词。如果适当运用，细微的改动足以使观众惊讶。

 我不会为了惹怒我的族人而切掉我的鼻子。

——以色列前总理梅厄夫人

（*原句为"我不会为惹怒我的脸而切掉我的鼻子"，因为以色列人的鼻子较大故有了这句笑话。）

3. 用发音相近的字或词取代原词。例如以下餐厅的名字：锅与怒（乐与怒），芥末的最后立场（卡斯达的最后立场），灼热的沙拉（灼热的马鞍），伊索的桌子（伊索的寓言）。

 受这家餐馆启发，才有了那个电视节目《难以入口》（*That's Inedible*，译为"让人难以置信"）。

——彼得·德·弗里斯

参考答案

以下是 66 页练习的参考答案：

- 喜剧演员干这个的时候都站着。
- 舞者干这个的时候会跟着音乐起舞。
- 银行家干这个的时候是带着利息的。
- 数学老师干这个的时候使用的是未知数。
- 出版人干这个的时候依据的是书。
- 铺地毯的工人干这个的时候会在他们的膝盖上留下痕迹。
- 投球手干这个的时候用的是球。

第五章
文字游戏之巧取字面义和正文歪解

很多成语、俗语或习惯说法都是有来由或约定俗成的，也就是说，我们不能光看字面意思。比如：火烧眉毛、宰相肚里能撑船、不见棺材不掉泪，等等。而且往往要结合特定语境，才能正确理解说话人的本意。

巧取字面义是幽默创作的手法之一。就是抛开语境和习惯用法，只按字面意思对一句话进行解读。由于观众已经习惯了它约定俗成的意思，回到字面意思反倒让他们惊讶。比如，"帮我个忙，叫出租车。" "好吧，出租车。" 或者，"帮我个忙，叫医生。" "怎么，你病了？" "不，我刚从医学院毕业。"

我想回到原先的体重——六斤五两。
　　　　　　　　　　　　　　——谢丽尔·温德蒂

那天我搞来几条新内裤。对我来说是新的。
　　　　　　　　　　　　　　——埃莫·菲利普斯

我在军队里多长？一米八。
　　　　　　　　　　　　　　——斯派克·米利根

歪解也是幽默创作的传统技巧之一。和取字面义一样，都是先抛出一句人们耳熟能详的话，然后针对这句话来一句吐槽式的点评或补充说明。

 俗话说，自己活也让别人活，不赞同的统统拉出去枪毙。

——乔治·卡林

都说知识使人美丽，我怎么没看见有人去图书馆做头发。

——莉莉·汤姆林

我的思想终日在徜徉，还好它身子弱，总走不远。

——鲍勃·贾维斯

以下我们来分析一下，上述两种技巧的构成与背后的逻辑。

最直白的意思

取字面义说白了，就是用小孩子的思维来理解一句话。

 埃尔登奶奶在哄四岁的艾德丽安睡觉，但小艾每隔五分钟问一个问题，就是不肯睡。奶奶没辙了，于是板起面孔对孙女说："小艾，如果你再叫奶奶一次，奶奶就要生气了。"五分钟后，她听到小艾轻声说："埃尔登女士，我能喝杯水吗？"

以下的打赌也是一例。

"我跟你打赌,我30秒内能说出美国50个州首府的名字。"

"不可能。我跟你赌,来吧,一二三开始!"

"好,美国50个州首府的名字。说完了,我赢了!"

孩子的单纯幼稚,正是这类笑话最理想的人物设定。

六岁的小女孩问妈妈:"妈,你告诉我实话,我从哪里来?"妈妈涨红了脸,心想:"我应该向她解释两性生殖的原理吗?"她好不容易打定了主意,问女儿道:"黛比,告诉妈妈,你想知道什么?"黛比说:"邻居小孩告诉我他从底特律来,我想知道我从哪里来。"

稍稍改变口吻,这一招在成人世界里也行得通。

我问书店店员,自助系列在哪里。她说,如果告诉你,就失去自助的意义了。

——丹尼斯·米勒

取字面义看起来很简单,但你得仔细推敲每个字、每个词,抛开常用的意思进行重新诠释,你的释义在使观众惊讶之余,还得有说服力,这绝不是一桩轻松活计。

我昨晚睡得跟一根木头似的,第二天醒来发现自己躺在壁炉里。

——汤米·库伯

离婚时,我错过了我的丈夫,我那枪该射得准一点儿。

——希拉·凯

也有人认为,取字面义有耍小聪明之嫌,是一种幼稚的举动。

 "对于这瓶马提尼,你怎么说?"
"那得看它对我怎么说了。"
——索菲娅,摘自美剧《黄金女郎》(*The Golden Girls*)

运用这一技巧时,不能受原意逻辑的牵制。喜剧家不是哲学家,不必把话说得滴水不漏。记住,这时候我们要扮演的是语言学家,只关心字面的逻辑。只要字面上能说得通,逻辑上越是天马行空,越能带来惊讶。

 "我喜欢把头放在肩膀上的女孩(本义为有头脑的女孩)。"
"没有脖子?"

你还可以利用一个字的多种释义做文章。例如,"拼"有好几种意思,一是和别人比赛,二是结合多个部分,三是合用一个东西。一个朋友问你:"要和我拼一辆车吗?"意思显然是和他合着打一辆车,你反问道:"怎么,车子买不起打算自己拼?"你的意思是自己动手拼装一辆车。又如,"颜料不够了,你和他拼吧。""要是拼不过,我那份还得给他不成?"

多加留神,你会发现让你"钻空子"的机会其实有很多。

妻子：你从来都不看着我点儿。

丈夫：谁说的，我一看你来了就没命似的逃。

主持人：莱夫科维茨刚丢了钱包，里面有 600 块，谁找到了莱夫科维茨答谢他 50 块。

底下有人说：我出 75！

法庭书记员对法官说：律师协会问你愿不愿意为埋葬一个律师捐 10 块钱？

法官：这是 100 块，给我埋掉 10 个。

同一个意思有很多种不同的说法，有时你必须调整前半句话的表达方式，才能在后半句利用取字面义达到搞笑效果。

一些统计数据也是绝佳的素材。

 已经结婚的女儿给妈妈打电话：妈，我刚生了三胞胎。这太让人兴奋了！你知道吗，每怀孕 300 万次才会有一次怀上三胞胎的机会！

妈妈：天啊，利内亚，你哪里还有时间做家务？

教授：在美国，每 15 分钟就有某个学生染上了性病。

学生：我想我知道他是谁。

问答时间

惜字如金

在许多文学题材里，华丽的辞藻能使一篇作品更具丰富

第五章　文字游戏之巧取字面义和正文歪解

性，但幽默创作则是字越少越好。一个笑话就是一个超短篇，一个句子甚至几个字就能交代完整个故事。

专业作家的作品往往要一改再改，目的是去掉不必要的字，尤其是结尾的关键句——越短小精干便越铿锵有力。米奇·赫伯格下面的这句话便是一个高度浓缩的笑话：

 我反对示威抗议，但不知如何表达。

同一个笑话，让新手来写可能变得非常啰唆，例如：

 我反对示威抗议，但不知是否应该举个牌子或干点儿别的什么以示不满。

我反对示威抗议，但我不确定应该用什么方法表达我对人们这么做的不满。

我反对示威抗议，但不知道怎样才能让别人知道我反对人们这么做。

这几句话表达的是同一个意思，但这么一长串说下来，笑话本该有的张力已经消失了。因此写笑话时应该惜字如金。布伦特·福里斯特总结出这么一个规律：你越快说到点子上，这笑话往往越有趣。如果你铺垫了大半天关键句还没影儿，这笑话多半不会很好笑。

福里斯特公式：
笑话÷时间＝有趣程度

笑料加码，笑声加倍

好的幽默家不会说完一个笑话便戛然而止，另外起头说一个不相干的故事。一旦观众的笑神经热身完毕，你千万不能耽搁太久，以免它们冷却下去。最有效率的办法莫过于在上一个笑话的基础上添加笑料，让观众顺着势头接着笑。

 那天有个女孩打电话给我说："赶紧过来，我家没人。"我兴冲冲地去了，果然没人。

——罗德尼·丹泽菲尔德

以下有两则笑话，内容大同小异，但第二则最后多加了一个关键句。两个关键句相隔的时间长短，全凭表演者把握。能否拿捏好这个时间点，是区分业余和专业的标准之一。

 护林员看见一个印第安人骑马沿着陡峭的峡谷小路向前走，他上了年纪的老婆迈着颤巍巍的步子跟在后头，于是上前问道："酋长，我观察好几个月了，为什么你总是骑着马，让你老婆跟在后面走？"
"因为她又不是马。"印第安人严肃地说。

以下是加料版的：

 在伊拉克，一名美国兵看到一个阿拉伯人骑着驴子沿着军用公路走，他上了年纪的老婆迈着颤巍巍的步子走在前面。于是上前问道："朋友，我观察好几个月了,为什么你总是骑着驴子,让你老婆走在前面?"

"因为她又不是驴子。"阿拉伯人说。

"那为什么让她走在前头?以示阿拉伯男人的风度?"

"不!我怕踩着地雷。"

取字面义之谬论

这是指一个句子前后逻辑不成立,但不妨碍它的搞笑效果,只是你千万不能较真。

我买了些干电池,但里头不包括电池,我只得再买一遍。

我把车子停在"拖吊区"。等我办完事回来,发现整块地皮都被拖走了。

如果你要寄给别人一些泡沫塑料,你要用什么包装它?

我过去在一家生产消防栓的工厂工作,那儿附近都不能停车。

我走进一家餐馆,餐牌上写着"早餐供应——任何时候"。于是我点了一份文艺复兴时期的法式土司。

很多人恐高,我不是,我只害怕宽度。

我喜欢追忆我不认识的人。

再来看看米奇·赫德伯格的几个笑话。看完前半句先停一停,猜猜下半句他会怎么说。

一旦学会摩斯密码,看踢踏舞会让你疯掉。

我从来不戴手表,因为我想两只胳膊一般轻重。

向不认识的人招手是件危险的事,因为如果对方没有手,会觉得你是在炫耀。

我从前嗑药,现在还在嗑,我只是想告诉你我从前也嗑。

表演时间

完成以下笑话,这章结尾有参考答案。

健身房里有几个免费的电子秤……

早上醒来,女友问我睡得好不好,我说……

如果你开枪射一个默剧演员……

歪解

曲解原文也是笑话创作的常见技巧之一。虽然都是给人们熟悉的话加上一个幽默结尾,但它取的不是字面义,而是对上半句话进行颠覆性解读。

凡事有起就有落,但别指望它落在你能找得到的地方。

——莉莉·汤姆林

都说愚人留不住金钱,它们一开始怎么会在一起就很让人纳闷。

——哈利·安德森

也许动物是我们的朋友,但它们可不会到机场接你。

——博卡·格德斯维特

只要你有心做一件事,家里人一定会阻挠你。

——巴兹·纳特利

诚实是最好的策略,但装傻是最好的防守。

——史蒂夫·兰德斯贝格

赛跑冠军不总属于跑得最快的人,战争的胜利也不总属于最强壮的人——但下赌注时你最好别这么想。

——达蒙·鲁尼恩

另一种结构就是把人们熟悉的话放在后半句,这操作起来往往难度更大。

这只狗的口气很重,所以它叫比咬更吓人。

如果你不想被牙医弄痛,最好闭上你的嘴巴。

自杀就好比对上帝说:"我辞职,看你怎么炒我鱿鱼。"

——比尔·马赫

我认识一个家伙,他打电话到家庭购物频道,人家问他:"需要帮忙吗?"他说:"没,我就随便看看。"

——乔治·米勒

我往胸罩里填了点儿东西,所以当我们上到二垒时,你会发现已经满垒*了。

——温迪·利布曼

(*"满垒"是棒球术语,意为 到二垒都有人了。)

你可以在同一个笑话里糅合两种技巧,还可以把两句人们常说但风马牛不相及的话放在一起,让它们彼此歪解。这得花上双倍心思,但也会带来双重乐趣。

 我承认,没人能不朽,但总要有第一个尝试的人。

——比尔·考斯比

给一个人足够长的绳子,他会被办公室缠住的。

有的女孩反抗被吻,有的女孩躺下接受。

(*"躺下接受"指甘心接受命运。)

无论你把歪解部分放在开头还是结尾,都得看哪种结构能把惊讶留到最后。但你要记住,幽默创作是倒着来的,你得先想好最后一句话,再围绕它建立整个故事。诀窍在于,过程中不能让人看出你的企图。

一名建筑工人发现自己的老婆和另一个男人在一辆汽车的后座里做爱。他回到自己的水泥车上,抬起车屁股,往汽车上倒了整整一车水泥。他离开时,心想:"他们做得越久,那玩意儿便越硬。"

以上笑话遵循了一个关键原则:当惊讶的结尾揭晓后,这笑话便戛然而止,不要画蛇添足地加上一句话甚至一个词。如果你这么做的话,观众便以为后面还有笑点,当他们发现没有时会大失所望。

喜剧演员罗德尼·丹泽菲尔德正是利用这招,在舞台上塑造出一个爹不亲娘不爱的可怜娃儿形象。

在我小时候,爸妈不停地搬家,但我总能找到他们。

我就知道爸妈不喜欢我,因为我小时泡澡时的玩具是一台烤面包炉和一台收音机。

当我出生时,医生对我爸爸说:"对不起,我们已经尽力了,但他还是来到了人世。"

我妈没用母乳喂我。她说只把我当朋友。

杰克·汉迪的《深度思考》(*The Deep Thoughts*)系列也大量

运用歪解技巧，他在书中每每用一句老掉牙的话开头，结尾再来个180度逆转。

一个男人需要很大勇气才能哭出来，另一个男人需要更大勇气才敢嘲笑他。

爸爸总是说，笑声是治病的良方，因此我有几个兄弟姐妹死于肺结核。

孩子问雨是怎么来的，我回答："上帝在哭泣。"他追问上帝为什么哭泣，我回答："因为你干了坏事。"

孩子需要鼓励。如果孩子答对一个问题，告诉他这是走运。这样一来，他们就会觉得自己很幸运。

表演时间

被歪解得最多的一句话莫过于，"如果你不能一次成功，继续尝试，不断尝试"，我们对以下改编版本进行分析。

如果你不能一次成功，继续尝试，不断尝试——她想得倒美。

——吉多·史坦波

如果你不能一次成功，赶紧放弃，没理由继续做傻瓜。

——W. C. 菲尔兹

如果你不能一次成功,不要把它看成一次失败,而是一次长效型的成功。

——罗伯特·奥本

如果你不能一次成功,那么跳伞运动不适合你。

从上述例子可见,很多时候你不必说出整个原句,说出部分或者有个大概意思就够了。以下是荷马·辛普森的经典台词,又被称为荷马体。

 如果一件事做起来很困难,那它根本不值得做。

孩子,如果你尽力尝试还是失败了,教训是,永远不要尝试。

学会推卸责任是人和动物的最大区别。

用"如果你不能一次成功"开头进行练习,写得越多、越让人惊讶越好。

参考答案

以下是 81 页练习的参考答案:

 健身房里有几个免费的电子秤,所以我把它们拿走了。

——史蒂夫·史密斯

早上醒来,女友问我睡得好不好,我说:不太好,期间犯了几个错误。

——史蒂文·赖特

如果你开枪射一个默剧演员,还需要用消声器吗?

——史蒂文·赖特

第六章
文字游戏之头脑风暴

 所谓创作瓶颈,是成天只会唉声叹气的作家发明出来的词儿,为的是给酗酒找个正当理由。

——史蒂夫·马丁

和其他以创作为职业的人一样,幽默作家也会遇到瓶颈。当你看到幽默作家或两眼放空,神情呆滞,或搔头抓耳,在键盘上乱敲一气,八成是他们的灵感暂时断流了。正如喜剧演员马蒂·费德曼所说:"喜剧和鸡奸一样,都是有违自然的过程。"

即便一位作家才思泉涌,创作不断,他写出来的十个笑话中,可能只有一个被采纳。成功率如此之低,这就是为什么《今夜秀》(*The Tonight Show*)和《深夜秀》(*Late Night*)等谈话节目都雇了整整一个团队的写手给他们写笑话。短短五分钟的一段独白,很可能是六位作家共同劳动的成果。

着手幽默创作的方法很多,最有效的头脑风暴莫过于混搭和细分。这两种方法能为你提供更多选择,并增加你写出成功文字游戏的概率。头脑风暴也许很耗时间,因为大部分点子到头来都会被放弃,但这仍是幽默作家最常采用的方法。

混搭

幽默作家的头脑就和运动员的肌肉,还有歌手的声带一样,要先热身才能进入状态。很多教写作的老师都建议学生每天早上起来，先让大脑活动15至30分钟，这可以让你一天都保持清晰的思维。

混搭就是把两组毫不相干的活动凑在一起，在脑海中形成一个荒诞不经的画面。在这些稀奇古怪的组合当中，你往往能发现幽默的踪迹。因为幽默正是来源于各种让人意想不到的"诡异"关系。

混搭有很多种方式，其中一种就是用一句俗语或套话开头，当所有观众都以为它是某个常见的意思时，接下来的例子却来个180度转弯。

我的对手一个人能顶两个人：劳雷尔和哈迪*。

——俄亥俄州州长詹姆斯·罗德斯

（*"劳雷尔和哈迪"是一对著名喜剧搭档。）

还有一种就是通过比喻把两种事物联系起来。这是即兴幽默表演的关键。

我老婆对朋友说：我对老公薪水的关注有如生殖器崇拜，无奈它每年只抬高一次。

著名的幽默作家罗伯特·奥本每天早上起来，首先以报纸上的新闻为素材，练习写25则文字游戏笑话，让大脑活动开来，继而开始一天的工作。此外，给新闻图片设计幽默对白也是让大脑热身的好方法。

名人也是这类笑话的上好素材。

在变成麦当娜以前,她是准麦当娜。

——K. C. 科南

有笑话建议以下名人可以翻拍这些片子:

 布兰妮·斯皮尔斯:《深情》(*Once is not enough*)
希拉里·克林顿:《冷山》(*Cold Mountain*)
迪克·切尼:《愤怒的公牛》(*Raging Bull*)
小布什:《迷失东京》(*Lost in Translation*)

除了他们自己,幽默家从来不把别人当一回事。你越是敢于把现实和夸张联系起来,你会变得越幽默。

以上只是幽默写作的第一步。虽说万事开头难,但只要你有足够的耐心,肯花时间练习,很快就能掌握门道。

细分

细分就是把一个题目分拆成与之相关的几项活动,然后在每一项活动下进一步细分。不管你要写什么题目,这个技巧同样管用。以下我们以高尔夫球为例,这是幽默演讲词里最受欢迎的题目,因为很多客户都打高尔夫。

第一步:细分类目

首先,我们把高尔夫球细分为以下几个类目:

1. 设备
2. 场地
3. 球赛

4. 球员

接下来，是在上述类目基础上进行第二步细分。在这个阶段先不要筛选，想到什么写什么，记住，质量是留给后面考虑的问题。

高尔夫球设备：

菱形花袜	球袋	洗球机
球	高尔夫球车	旗子
球帽	球童	球座
球杆	眼镜	球手套
球杆套	幸运球	铅笔
草耙	记分卡	球鞋
钉鞋	毛巾	亮黄色
球袜	锥形支座（开球时摆放球的）	

其中球杆还可以进一步细分为：

木杆	铁杆	推杆
开球杆	楔形球杆	

高尔夫球场地：

果岭边的草	清洗高尔夫球	沙坑
高尔夫会所	乡村俱乐部	击球时削起的草根
狗腿洞	练习场	18洞球场
球道（发球台与果岭之间整齐的草坪）	果岭	场地管理员
湖	更衣室	男士发球台
9洞球场	第19洞	出界

第六章　文字游戏之头脑风暴

练习果岭	最后一个发球台	球道或果岭以外的长草区
沙坑	淋浴	树
水障碍	女士发球台	老虎伍兹

球赛：

小鸟球（低于标准杆一杆）	柏忌球（超出标准杆一杆）
锦标赛	低飞球
老鹰球（低于标准杆两杆）	双柏忌球（超出标准杆两杆）
"注意！小心球！"	四人赛（二打二）
差点（一个用来度量一个球手能力的数值）	一杆进洞
左曲球	重新发球
标准杆数	打丢的球
让位	职业与业余的配对赛
杆数	斜飞球
高飞球	右曲球
职业比杆赛	比赛
奖杯	

高尔夫球员：

业余选手	吹嘘	作弊
菜鸟	练习推杆	右曲球员
左曲球员	对手	搭档
职业选手	沙包人（高球骗子）	
四人比赛（二对二）	双打	

第二步：列举常用对话

第二步就是在以上细分条目的基础上，写出包含这些条目的常用对话，还是以高尔夫球设备为例：

球杆和球：

买了一套新球杆	他一杆击出 100 多米远
练习挥杆	她的推杆打得很好
打一个六英尺推杆 (六英尺推杆是个高尔夫常用技法)	
亲吻球以祈求好运	他把球打丢了
让你的眼睛盯着球看	站得不要离球太近
连续击出两记好球	

球包 （用来装全套 14 支球杆以及所有高尔夫用具的皮质袋子）：

那不是他的球袋	在球袋里面
她是个球童	

与场地相关的常见对话包含：

球赛冠名	每轮杆数
她给了那个球童小费	有钱人的游戏
来打了一轮吧	认识人的好途径

与球赛以及球员有关的对话包括：

他打得很烂	他知道比分
这一洞的标准杆是多少？	她老打左曲球
他老打右曲球	你觉得这果岭怎么样？
那杆全凭运气	这是个免推球
这一杆算你进了	她把球打出了沙坑
这洞我打了三杆	林子里全是球
他打完了一洞	

第三步：加入文字游戏

接下来便是反复看你前面列举出来的条目，看哪些暗藏着双关义，哪些能在同音字、多音字上下功夫，哪些又能利用近义词、反义词做文章。

第四步：着手创作笑话

最后一步便是利用你前面收集的材料，动手创作关于高尔夫球的对白、剧本或演讲词了。记住一点，每个笑话或趣闻的最后一句话一定要使观众惊讶。虽说人们说话的速度有快有慢，但一般来说，一分钟不要超过四个笑话，以两个笑话加一则趣闻为宜。换言之，如果你要撰写一段五分钟的讲稿，你最多会用到20个笑话，或者12个一句话笑话加三则趣闻。

缺乏经验的作家以为，事先准备的笑话足够支撑五分钟就可以了。但专业作家一开始会准备三倍的笑料（也就是60个笑话），先在几个观众身上做实验（不能是你家里人），接着重写，淘汰一批，再重写，再淘汰，直到最后留下观众反响最好的20个。

以下让我们用上述的高尔夫球素材做练习。我们尽量简化背景，把对话局限在一名菜鸟球员和一位球童之间，这样就能把精力集中在幽默创作的技巧上。

第一部分（设备）：

菜鸟：今天我击出两个好球。

球童：除非你踩到草耙子上才会发生这种事情。

球童：今天有人在球场上打丢了球，被我捡到了。

菜鸟：你怎么知道是别人打丢的？

球童：因为我走的时候他们还在找。

菜鸟：这是我第一次打高尔夫球，我应该什么时候用推杆*？

球童：天黑以前，但愿。

（*"推杆"一般是在球被打上果岭后，才能用其将球推击入洞。）

球童：先生，我不明白。就这么一个球，你先是让我到林子里捡，然后跑到高速公路上捡，现在它掉到水里了，你还是坚持让我把它捡回来？

菜鸟：当然，这是我的幸运球。

第二部分（场地）：

菜鸟：怎样才能在俱乐部认识其他人？

球童：这容易，故意错捡别人的球。

菜鸟：要是我能把球打好，哪怕让我上天三丈，入地三尺。

球童：你光上天好了，草皮已经被你拔掉不少了。

第三部分（打球过程）：

菜鸟：高尔夫球真是一项好玩的运动。

球童：但这不是它的本意。

菜鸟：这个洞应该先挥一记长球，接着推球入洞。

（当菜鸟挥杆后）

球童：看来这一推也很长。

菜鸟：知道我怎样才能在最后成绩上减少十杆吗？

球童：知道，打到17洞时退出。

球童：你今天为什么不和安德森先生打球？

菜鸟：你会和一个撒谎、作弊而且偷偷移动球的人打吗？

球童：当然不会！

菜鸟：安德森先生也不会。

球童：牧师，礼拜日打球是罪吗？

牧师：照我这么打法，哪天打都是罪。

菜鸟：见过有人打出这样的长球吗？

球童：见过，林子里全是。

第四部分（球员）：

菜鸟对球童说：我老婆说如果我不放弃高尔夫球，她就要离开我。我会想念她的。

菜鸟：老这样没进步也不是办法，你说我该怎么办？

球童：先生，首先你得放松心情，然后坚持6个月不打球，这样你就能彻底放弃了。

为什么要如此费劲？

这样看来，创作一则一句话笑话得花上九牛二虎之力。的确如此，没有幽默作家会否认这是一件苦差事——耗神、耗时，而且让人沮丧不已。（当你苦思冥想之际，没准儿你老婆会过来说："既然你没事可干，出去把垃圾倒了。"）

问答时间

以下有四个技巧能帮你突破创作瓶颈

1. **倒着写**。先准备最后的关键句,然后编一个故事或一则趣闻把这句话套进去。比如说,你偶尔从某个地方听来一句妙语,或听到一句老话被人用新的角度诠释,你便设定一个场景,解释这句话是在什么情况下被人说出来的。但这并不是桩轻松的活儿,你有时得设计五六个场景,才能找到最适合的一个,然后还得花上几小时一点一点地修改、润色。要形成自己"从尾到头"写笑话的习惯,你可以试着去逛逛贺卡店,翻开卡片看里头的结尾句,再猜猜写在封面的场景设定是什么。

2. **找不同**。制造惊讶的一个有效方法,便是把两个毫无相似之处的东西联系起来。选择一个目标开始头脑风暴,先想出与它看似毫无共同点的人物、地名、物体、成语、俗语,然后想办法把它们联系起来。

3. **用说的代替写的**。放下你的笔,试着大声说笑话。用录音机记下你灵光一闪的点子,因为嘴巴比笔杆更能赶得上脑子的速度。

4. **用想象代替写作**。爱因斯坦说过,大脑的想象能力远超它的表达能力,他的很多著名理论正是基于想象。当你需要开动想象力时,闭上眼睛,在脑海里形成一幅你对着台下观众大谈笑话的画面。

表演时间

大刀阔斧地修改对一个笑话来说非常重要。记住，一个好笑话应该是：

1. 篇幅尽可能短；
2. 在铺垫阶段不能出现关键词；
3. 把最有趣的字眼留到最后。

如果达不到以上标准，一个潜在的好笑话可能会被白白浪费掉。利用你前面写过的笑话，练习如何进行修改。第一步，删除所有非必要的部分；第二步，指出你关键句里最有趣的字眼或词语，如果它后面还有内容，试着重写个句子，看能不能尽量删减后面的部分，或者把关键词尽量往后靠；第三步，确保这个词或者它的近义词没有在前头出现过。

第七章
下一个重要技巧：逆转

 虽然我和男友深爱着对方，但我们还是分手了。他想结婚，但我不想他结。

——丽塔·拉德纳

在幽默写作中，人们对"逆转"有不同的定义，最常见的便是"给看似平常的开头加上意思截然相反的结尾"。

 我等不及成功的到来，于是自个儿先走了。

——乔纳森·温特斯

这种技巧就是要颠覆人们预想中的场面和人物设定。

 我们在很多方面都合不来，比如说，我是个夜猫子，而他不喜欢我。

——温迪·列立曼

逆转的另一个定义是，"使观众的预期落空"。改变观众的惯性思维往往能带来惊讶，要达到这一效果，幽默作家首先得误导观众，把他们往错误的方向引。正如以下例子：

😎 一男一女正在卧室里翻云覆雨，这时公寓的大门打开了，另一个男人一边进门一边高喊："亲爱的！我回来了。"当他走进卧室，看到床上脱得精光的男女时，诧异地问："这女的在这儿干什么？"

看到没？作者让第二个男人高喊"亲爱的！"就是要让观众以为他喊的是那个女人。结果最后一句话让大家大跌眼镜："这女的在这儿干什么？"

在以下两个例子里，作者开头都存心给读者下套。经过上文的说明，你也许已经有了心理准备，但故事的结尾还是会出乎你的意料。

男生：我能给你裸拍一张照片吗？
女生：当然不行！你至少得打根领带，还有穿双袜子。

一位下属走进老板的办公室说："先生，不好意思，我今天得早点儿走，脖子酸得不行。"
老板说："每次我觉得脖子发酸，就回家和我老婆上床，完事了就让她给我按摩脖子，做完这一套后就一点儿不酸了。你也该试试这么做，这是命令。"
第二天，老板走到下属前说："你照我说的做了吗？"
"做了，"下属说，"效果和你说的一样好。顺便说说，你家房子真漂亮。"

一个标准式的逆转，先在前半部分进行精心铺垫，一旦观众上当了，便用最后一句话甚至几个字推翻前面的内容，因此专业作家有时会花几小时对最后一句对白进行修改、润色。在以下两个例子里,底下画线部分便是作者的铺垫。

 <u>我把房子卖掉了,卖了个好价钱,</u>但我房东差点儿没气死。

——盖瑞·山德林

我们这儿的老喜来登酒店在装修时,对外出售酒店房间的家具和部件,我给我的房子买了两扇门。安好后,我指给一个朋友看:"<u>看,这是喜来登酒店的门。</u>"他大吃一惊,说道:"你也太狠了,通常人们只拿肥皂和毛巾。"

逆转与惊讶的艺术

我们至今仍无法解释,为什么幽默式的逆转能带给我们惊讶,要知道,这些笑话的结尾完全符合故事逻辑(虽然有时不符合现实)。魔术师能利用各种道具瞒天过海,但作家只能利用文字使观众产生错觉。

 我年轻的时候,认为金钱是生命中最重要的东西,现在我老了,才知道这是真的。

——奥斯卡·王尔德

一个成功的逆转,必须通过小心选择用词、语序等,小心隐藏作者的意图,直至最后关头才能揭晓。如果太早让观众看出你的意图,他们非但不会惊讶,还会对你的笑话嗤之以鼻。

最近我在股票市场上大开杀戒。我的经纪人把我的钱全亏了，于是我杀了他。

——吉姆·洛伊

请看在以下例子里，埃莫·菲利普斯是如何一步步地把观众往错误的方向引，最后来个急转弯儿的。

 七岁那年，有一天，在我玩耍的时候，我发现地下室的门敞开了一条缝。父母经常警告我：埃莫，无论发生什么事情，千万不要打开那扇门。我心想，就算门后的东西会杀了我，我也要知道那是什么。于是我走近那扇门并推开它，出现在眼前的，是我前所未见的最奇异、最美好的景象！比如说……绿树、青草、鲜花、太阳，实在太美丽了！

直至最后一句话，观众都以为主人公是在地下室的外面而不是里面。以下我们来分析他是如何办到的。

 七岁那年……

大人们禁止小孩进入地下室，也许怕他从楼梯上摔下来，也许地下室里藏着某些危险的东西。

 发现地下室的门敞开了一条缝……

既然父母不让菲利普斯打开那扇门，观众便认定门后有某些危险的东西。当这扇门敞开了一条缝，故事的氛围变得紧张起来

（这时观众仍以为菲利普斯在地下室外面）。

 父母经常警告我：埃莫，无论发生什么事情，千万不要打开那扇门。

这地下室听起来越发像是一个恐怖的地牢了。

 就算门后的东西会杀了我……

这句话使故事更添紧张。

 是我前所未见的最奇异、最美好的景象……

这时观众都以为，这个神秘的地下室里满是法老陵墓中的宝藏。

 比如说……

这个停顿很有必要，使观众的期待达到顶点，这时作者才揭晓，原来菲利普斯一直待在地下室里。

表演时间

一个成功的逆转，决不能被观众提前觉察。为以下几个开头各写一个逆转式的结尾，然后在本章结尾和专业幽默家写的做个对比。

安全套不是百分百安全，我一个朋友戴着安全套……

老婆和我上床时坚持要关灯，这倒无所谓，但是……

总统选举快开始了，我想，最大的问题是……

经过12年的漫长疗程后，精神病医生说了句话让我泪流满面，他说……

趣闻中的逆转

正如埃莫·菲利普斯的故事，一则趣闻轶事往往以一个出人意料的高潮收尾。作者在进行铺垫时得细心甄选用词和信息，既不能和后面的内容相矛盾，又不能让读者猜到结尾。

 "听我说我那阔气丈夫的故事，"一个女人对另一个女人说，"话说那是我们的结婚周年纪念日，他把我带到城里最著名的餐厅，让我点菜单上最贵的一道菜，结果我点了……一个巨无霸汉堡。"

两个老头在看一只大丹犬舔自己的睾丸，其中一人回头对另一人说："我这辈子希望自己也能这么干一回。"

另一个人说："你最好先把它哄乖了，这家伙看起来很不好惹。"

——比利·克里斯托

要给一则趣闻写一个成功的逆转，秘诀之一便是，前面的铺垫听起来越真实可信越好，如此一来，最后一记回马枪才能杀观众一个措手不及。

一个男人正沿着狭窄曲折的盘山公路驾车，当开到拐角处时，前面冲出另一辆车子，差点儿和他撞上。"你这白痴！"他冲那辆车的司机嚷嚷道。那辆车猛然停下，车里的女人摇下车窗，也冲男人嚷嚷道："猪！猪！猪！"接着扬尘而去。男人听了又气又恼，先是一个 U 形转弯，然后猛踩油门去追，结果撞上了路中间一头大野猪。

这则故事的成功之处便在于，除了最后一句，它是如此地贴近真实生活，可能发生在我们任何人身上。

电影、电视剧可以用很大篇幅做铺垫，前面说些无关主旨有的没的，观众也不会有意见，但要是给一个笑话段了铺陈上半小时，台下恐怕早就睡过去了，因此我们必须用尽可能少的字，搭建起故事的框架，然后一下子把它推翻。

有个建筑工人每天都等到最后才离开工地，他走的时候总推着一辆装满砂土的手推车。工头知道他肯定偷走了某些东西，但每个保安都把手推车搜了一遍，里面除了沙子和石子什么都没有。直到工程完工了，这个工人来领最后一次薪水，工头走到他跟前对他说："迈克，我们都知道你在偷东西，既然工程已经结束了，告诉我，你到底偷了什么？"

"手推车。"迈克说。

小心隐藏结尾

不小心提前泄漏结尾是新手常犯的错误,这多半是因为铺垫得过于详细或意图过于明显,观众稍动脑子就猜到了结尾。比如以下这个例子:杰克·埃利斯是一名筹款经理,有天他应邀出席一个答谢晚宴,一名演讲者在台上说了以下这个故事:

在一个嘉年华会上,一个大力士先把一条毛巾沾湿,然后把它拧得一滴水不剩。他对台下的观众说:"谁能再挤出一滴水来,我就付他50块。"这时我们台下一位嘉宾接过这条毛巾,轻易就从里面挤出了三滴水。"你到底是什么人?"大力士吃惊地问。对方说:"我是一名筹款经理。"

幽默界有一条不成文的法则:一则趣闻里只能有一个逆转。两个就嫌太多了,因为观众已经多了个心眼,一来逆转的效果会打折扣,二来他们会以为还有第三个。以下两个笑话就是把逆转留到最后一刻的成功例子。

一个人在街上发现了一头大猩猩,这时一辆警车开过,这个人问警察:"我该拿它怎么办?"
"带它去动物园。"警察边说边扬长而去。
第二天警察又看到了这个人,身边还是那只大猩猩。
"我不是让你把它带到动物园去吗?"警察问。
"我们去了,"这个人说,"而且玩得很高兴,今天准备去迪士尼乐园。"

一个德州人来到佛蒙特州，他问一个农民其土地有多大。
"我的农场可大了，"农民说，"超过150英亩（1英亩约合0.4公顷）。"
德州人不服气了，说："有天我驾着车子沿着我的农场开，开了一整天但还是开不到头。"
农民说："完全理解，我也有辆这样的车子。"

如果你前头把话说得太明白，整个笑话就会因为失却高潮而流于平淡。

"抱歉，你老婆和园丁跑路了。"
"没关系，反正我也得换个园丁。"

喝了两杯酒后，我老婆变成了一个骂骂咧咧的婊子，喝了五杯以后，我会彻底晕菜过去。

深藏不"漏"

和提前泄漏结局正好相反，隐藏的目的在于，让台下误会你要平铺直叙一件事，快结束时来个短促的暂停，观众一心以为你说完了，这时抛出的包袱才能达到最佳效果。

俄亥俄大学成立于1804年，当年唯一一个班级迎来了12位大一新生，同年他们当中有八个人毕业了。

舞台上的逆转

逆转是所有脱口秀最常用的技巧。

我之所以和第一任妻子离婚,是因为她太不成熟了,我正在浴缸里泡澡,她二话不说跑进来,把我的船给弄沉了。

——伍迪·艾伦

医生一进检查室就说:"好了,躺下吧。"我说:"至少先给我买杯酒吧,猪。"

——朱迪·特努塔

我离家去上大学时,父母给我开了个欢送会,这是他们后来写信告诉我的。

——埃莫·菲利普斯

我母亲总共埋葬了三位丈夫……其中两位只是在打盹儿。

——丽塔·拉德纳

每一天,人们都在远离教堂的大门,而回归上帝的怀抱。

——兰尼·布鲁斯

对我来说,小丑一点儿也不好玩,相反有点儿吓人。我寻思自己从什么时候开始有了这想法,我想是我小时候有一次去马戏团,一个小丑杀了我爸爸。

——杰克·汉迪

😎 我和我丈夫没有签婚前协议，我们只签了共同自杀协议。

——罗西妮·巴尔

我爷爷听力很差，和别人交流只能靠读唇，我不介意他读我的唇，我只是希望他不要把他那支黄色记号笔也用上。

——布莱恩·凯利

我不相信转世投胎这一套，想当年我是一只仓鼠时也不信。

——肖恩·里奇

那天晚上我和一个女孩子在一起，从她对我纯熟的爱抚所做出的反应可以看出，她从头到脚趾头上的标签都是清醒的。

——埃莫·菲利普斯

运用逆转的各种场合

逆转不仅能博人一哂，还能用来阐明严肃的观点或深刻的道理。

😎 两家工厂的老板是竞争对手，有一回他们一起参加在山间度假村举行的行业年会，并住在同一个房间。头天晚上，他们听见门外有动静，其中一个朝窗外看了一眼，便回到床边开始穿跑鞋。

"出什么事了？"另一个人问。

第一个人回答："门外有头大黑熊，看上去几天没吃东西了,它这会儿想把门推倒闯进屋来。"

"穿鞋管什么用?你无论如何也跑不过一只黑熊。"

"我知道,"第一个人说,"我只要跑过你就够了。"

很多主持人在台上也喜欢用逆转这一招。

 通常我们会请来最好的歌手现场演出,但今晚请大家将就下,有请……

大家都看得开心吗?那不好意思,我得宣布晚会结束了。

用肢体语言表现的幽默也能运用逆转。有一次,《哥伦布动物园》(the Columbus Zoo)的导演杰克·汉纳上大卫·莱特曼的深夜谈话节目,他带来一只犀鸟。莱特曼朝鸟嘴里扔葡萄:"一颗,两颗,三颗,接住。"这只鸟接住了所有葡萄,赢得了全场观众的掌声。这时莱特曼对汉纳说:"杰克,你也试试?""好的。"汉纳欣然答应。"那就来吧。"莱特曼说完就朝汉纳嘴里扔葡萄:"一颗,两颗,三颗,接住。"

当面对他人的侮辱时,逆转也是有力的还击武器。你只要发现对方说话中的破绽,并加以利用,就能把投来的标枪变成回力标。

 我不喜欢乡村音乐,但我也不会诋毁喜欢它的人。对了,那些喜欢乡村音乐的人,诋毁的意思是贬低。

——鲍勃·纽哈特

戈尔迪·霍恩*有趣、性感、美丽、聪慧、多才多艺、暖心而且永远充满阳光,除此以外,我觉得她这人不怎么样。

——尼尔·西蒙

(*"戈尔迪·霍恩"是著名女演员。)

丈夫对妻子说: "你不但长得漂亮,而且还笨。"
妻子对丈夫说: "上帝把我造得这么漂亮,好让你爱上我,然后又把我造得这么笨,好让我爱上你。"

陈词滥调中的逆转

前面我们已经介绍过逆转的作用,以及如何不露痕迹地为逆转做铺垫,接下来我们来练习如何逆转那些被人说过几万遍的话。来个命题作文吧:夏天结束了,家长们欢天喜地把孩子们送回学校去,用逆转式的笑话来表达家长们此时的心情。如果我们光说"孩子们都上学去了,我们松了口气,因为家里变得安静也整洁多了",未免太乏味,我们的目标是把话说得好玩且出人意料。我们刚开始写时,效果可能不尽如人意,比如以下例子:

 太明显

当孩子们回学校去后,我又变回了圣人。

对父母来说,感恩节就在九月——学校开学的时候。

 有进步

学校开学了,孩子们觉得他们又回到了地狱,我觉得我又回到了天堂。

当孩子们都回去上课后,"生命、自由和追求快乐",这句话对我来说又有了意义。

更好

九月,数百万张可爱的面孔朝着学校的方向绽放出幸福的笑容……它们全都属于妈妈们。

先构思结尾,再回过来写开头不失为一个好办法。当观众都以为你说的是孩子时,你心里很清楚自己正朝着妈妈的方向长驱直入。

这样的笑话,在家长会演讲时作开场白最合适不过,因为你对孩子那又爱又恨的感情,会让台下每名观众都产生共鸣。

 每到学年结束时,就会有人把作业本撕得粉碎,高声大叫或者笑个不停。你以为当教授的就能淡定了吗?

——保罗·斯威尼

表演时间

"周六现场夜"和"乔恩·斯图尔特今日秀"中的搞笑式新闻播报,都是以一句正儿八经的新闻标题作开头,然后来一句颠覆性的结尾。给以下几则新闻分别写一个逆转式结尾,写好后翻到114页,和专业幽默作家写的做对比。

一项哈佛大学医学院的研究报告指出,利用直肠温度计仍是给婴儿测量体温的最佳办法。

内布拉斯加大学的研究表明,每天喝四杯啤酒或红酒的中老年人,拥有最高的骨骼密度。

在法国,一个男人因为开车撞倒一个行人被捕,他以为对方是奥萨马·本·拉登。

参考答案

以下是 103 页练习的参考答案:

安全套不是百分百安全,我一个朋友戴着安全套,还是被巴士撞了。

——鲍勃·鲁宾

老婆和我上床时坚持要关灯,这倒无所谓,但是她还要躲起来让我一顿好找就太残忍了。

——乔纳森·卡茨

总统选举快开始了,我想,最大的问题是总会有人当选。

——巴里·克里明斯

经过 12 年的漫长疗程后,我的精神病医生说了句话让我泪流满面,他说的是,"No hablo ingles"(我不会说英语)。

——伦尼·沙克斯

以下是112页练习的参考答案:

一项哈佛大学医学院的研究报告指出,利用直肠温度计仍是给婴儿测量体温的最佳办法。还能让宝宝们知道,这儿谁说了算。

——蒂娜·菲

内布拉斯加大学的研究表明,每天喝四杯啤酒或红酒的中老年人,拥有最高的骨骼密度。他们有这个需要,因为他们是摔倒次数最多的人。

——杰伊·莱诺

在法国,一个男人因为开车撞倒一个行人被捕,他以为对方是奥萨马·本·拉登。虽然这是个乌龙事件,但它仍成为法国历史上最大的军事胜利。

——杰伊·莱诺

第八章
前后对应的幽默

她是个乡土的女人，于是我把她当泥土对待（意为一文不值）。

——乔治·卡林

对应就是把结构相似且意思互相呼应的单词、短语、从句和整句放在一起，这种修辞方法频繁地出现在政治演说、宗教布道、学术演讲和祝酒词当中，在广告标语、汽车贴纸中也经常见到。翻开你的日历，上面的"每日一句"说不定就是上下对应的句子。

幽默的对应有三种形式：

1. 短语或句子对应
2. 词语对应
3. 数字对应

短语或句子对应

为达到最佳表现效果，对应的句子和短语还得对仗，例如句式相似，句末押韵等。你的上半句可以平淡无奇，下半句如何通过置换关键词或改变语序，表达一个截然不同但饶有趣味的意思，便是一个幽默作家的功夫所在了。不少名人名言便是由这样构思巧妙且朗朗上口的句式构成，因此被人铭记。

我们稍后会对这一体裁进行专门讨论。

不要问国家能为你做什么，问你能为国家做什么。

——约翰·肯尼迪

聪明人犯傻总比傻子要聪明好。

——威廉·莎士比亚

数据不会说谎，但说谎者会编数据。

想象弥补我们没有的东西，幽默弥补我们有的东西。

对应句式的下半句往往是一个逆转，它决定了整句话的深度以及有趣程度。因此你在创作过程中，可以先把精力放在下半句，再回头写与之对应的上半句。

没人在乎你知道多少，直到他们知道你有多在乎。

飞行员通过对讲机安抚等候已久的乘客：由于引擎出了点儿小故障，飞机将会推迟起飞。你们是宁愿在下面上不去呢，还是在上面下不来？

——琼·怀特·布克

你还可以对现成的句子进行再加工。

老板对新员工说："放松，比特勒，除了恐惧本身没什么可恐惧的，当然，还有我！"

——罗伯特·曼考夫

对应式的笑话总能为你赢得掌声。幽默作家们深知，一个笑话能带给观众刹那的惊讶就够了，人们很少会对它进行逻辑推敲。有的笑话细想来其实很没营养，但如果能引发哄堂大笑，管它呢。

和一个小个子男人谈恋爱总比从没和一个高个子男人谈过恋爱好。

——玛丽·乔·克劳莉

一般来说，你肯定不愿意观众猜到你的关键句，因为没人喜欢预料中的笑话。但让观众参与其中，也是幽默技巧之一。对反应快的观众来说，有时你只需说出上半句，下半句便不言自明，但整个笑话又不失新鲜、好玩，你既达到娱乐观众的目的，又使他们自我感觉良好。这时他们鼓掌不仅是为你的创意，也是为自己的洞见。

我来自西部，在那儿男人就是男人，女人就是女人，这便是我的全部要求。

——雷德·斯克尔顿

我来自纽约，在那儿男人就是男人，女人么——也是男人！

——罗宾·威廉姆斯

还有一种对应式笑话，采用对话形式，后者把前者的话稍作改动或改变语序，作为对对方的回击。观众欣赏的正是这种快速反应中的机智。

编辑给萧伯纳拍电报:剧本发来,好就发支票。

萧伯纳回复:支票发来,好就发剧本。

贷款公司经理把他4个月大女儿的照片连同一张纸条寄给客户,写道:"这就是为什么我需要钱。"客户回复他一张穿着比基尼的金发女郎照片,写道:"这就是为什么我没有钱。"

表演时间

找出你在第四章和第五章练习写的笑话,把其中七至十则改成对应式。

词语对应

词语对应便是在上半句中表达一个观点,再用近义词、形近词、反义词、同音词替换其关键词,表达另一个观点。因此幽默作家手边少不了一本词典,以供随时查阅。

《周六夜现场》(*Saturday Night Live*)经历糟糕的一季后,评论家戏称它为"周末献丑夜"。

其中以反义词对应最为常见,因为前后关键词的反差本身便是一种逆转,能带给观众惊讶。

😎 小男孩对朋友说：如果我太吵闹了，他们会打我屁股；如果我太安静了，他们就会摸摸我额头，看看我发烧了没。

让我们脱下湿外套，来杯干马提尼。

——罗伯特·本奇立

不一定非得反义词才能产生逆转，给关键词加上"不"或"非"等前缀，也能达到同样效果。

 你的剧本有的地方写得不错而且是原创，可惜写得好的部分不是原创，原创的部分写得不好。

——塞缪尔·约翰逊

理智的人让自己适应世界，不理智的人让世界适应自己。

因此，人类的进步仰仗于不理智的人。

——萧伯纳

头脑风暴

创作对应式幽默的第一步，便是我们第六章探讨过的混搭技巧，当你看到一个单词，便在脑子里迅速搜索任何和它关联的词。比如，当你看到"左"和"右"，第一反应是方向上的左右，继而马上想到政治上的左右；又如，当你想到"生"这个字，同时联想到它的反义词"死"和"熟"。

在喜剧写作上，反义词不必如对联一般工整对仗，只要观众能体会前后的反差，你就成功了。

政府吹嘘他们达到了新的贸易平衡,因为年轻人都到国界以南买药(毒品),老年人都到国界以北*买药。

——梅尔·赫利泽

(*"国界以北"指加拿大,当地药品比美国的便宜得多。)

但注意不要把两组意思相近的反义词混着用,这会削弱前后句的逆转效果。例如,"诞生"对应的是"死亡","上升"对应的是"没落",以下分别是正确和错误的例子。

 正确组合

在这家俱乐部里,有新星在这儿诞生,也有人在这儿死去。

或者,

在这家俱乐部里,有新星在这儿起步,也有人在这儿止步。

错误组合

在这家俱乐部里,有新星在这儿起步,也有人在这儿死去。

有时一个句子可以有两组或以上的反义词。

 努力将来会有回报,懒惰马上会有报应。

表演时间

好和坏、对与错是最常用的两对反义词，从词典里找出和它们意思相近的几组反义词，利用它们练习写七到十则逆转式的幽默。

数字对应

利用数字前后对应也能达到幽默效果。和其他幽默一样，带来惊讶的数字应该留到最后。

警长对犯人说："我给你一个公平决斗的机会，我们背对着朝前各走十步，我数到三你就回头开枪。"两人走了十步，警长喊道："一，二——"接着转身开枪。中枪倒下的犯人委屈地说："不是说数到三吗？"警长回答道："你数到三，我数到二。"

幽默作家有时会在一则笑话里用上一串数字。这些数字的排列应具有逻辑性或节奏性，从大到小或从小到大，无序排列会把观众的思维搞乱，影响最后的幽默效果。

儿子：爸爸，我能当你的球童吗？

父亲：儿子，你年纪太小，球童得会计分。

儿子：我会计分。

父亲：那好，我来考考你。我第一洞打了6杆，第二洞7杆，第三洞8杆，第四洞9杆，我四洞一共用了几杆？

儿子：11杆。

父亲：儿子，你是我的球童了。

数字递增

养老院举行联欢晚会。

主持人说："我要给这儿最老的人发一份奖品。"

第一道声音说："我63岁。"

第二道声音说："我73岁。"

第三道声音说："我83岁。"

第四道声音说："我死了。"

这年头还是有东西能用1块钱换来的——比如5分币、10分币、25分币。

——查尔斯·林德纳

数字递减

写作课教授对学生们说：不要害怕重写，你们记住，狄更斯写书时第一稿叫《十城记》（A Tale of Ten Cities），第二稿改叫《九城记》（A Tale of Nine Cities），然后是八城、七城……

——凯西·莱森林

数字重复

以下幽默不仅重复两组数字,还重复前后句式,只是颠倒了语序。

一年有 20 个情人很容易,难的是 20 年只有一个情人。

——莎莎·嘉宝

这类幽默中的数字往往不是确定数,你可以用任何数字代替它,但要前后一致才能达到预期效果。

我喜欢的幽默应该是能让你笑上五秒钟,继而让你思考五分钟。

——威廉·戴维斯

格言对应

面对人生的不幸,悲观主义者怨天尤人,乐观主义者从中汲取教训。两者态度的鲜明反差,为其中一类格言提供了素材。这类格言从内容到句式,都必须前后对应。以下我们练习用"悲观主义者"和"乐观主义者"写一则格言。你的第一稿也许是这样的:

悲观主义者诅咒命运,乐观主义者在每个决定中寻找利益。

这句话有个很好的观点,但需要更好的包装。我们再来一遍,这次我们试着重复其中的关键词。

乐观主义者在不幸里看到利益，悲观主义者在不幸里看到宿命。

我们重复了"不幸"，但"利益"和"宿命"的对比不够强烈，我们试一下用倒装句重复前半句的所有关键词。

 乐观主义者在不幸里看到利益，悲观主义者在利益里看到不幸。

这下前后句的反差有了，但"利益"和"不幸"的搭配好像有点儿不对劲，我们换一个更恰当的关键词：

 乐观主义者在不幸里看到机遇，悲观主义者在机遇里看到不幸。

看到没，一则对应式的格言，必须兼顾关键词搭配以及前后句呼应，才能在表达深刻含义之余，让人留下深刻印象。

表演时间

不管是对应还是其他幽默写作技巧，都需要不断磨炼。以下练习有助于全面开发你的想象力。

分别写几则好玩的……

- 错别字笑话
- 大学课程名称

- 街道标语
- 网上的私人广告
- 使用手机的温馨提示
- 星巴克新产品的名称

以及……

- 评论一家本地餐厅、酒吧或便利店
- 宣布新的丹麦皇冠 K12 音响系统投入市场
- 一封号召大家为慈善基金筹款的电子邮件

第九章
三段式幽默

 没有什么比以下情形更令人尴尬的了:这天晚上你喝得酩酊大醉,走到一个人身旁,却记不起他的名字,也不知道怎么认识的,以及他是怎么死的。

——劳拉·奈特林格

每个幽默作家都有其偏爱的结构,但三段式总是被人反复使用。当三个场景、三段描述或三句评论一个接一个地出现,整个故事的张力也随之一步步递增。

 我用最传统的方式庆祝感恩节。我把所有邻居邀请到家中,共同享受一顿丰盛的晚宴。然后我把他们都杀了并霸占了他们的土地。

——乔恩·斯图尔特

三段式在幽默中应用由来已久,那个"从前有一个牧师,一个修士和一个拉比……"的故事是如此有名,如果三个神职人员一起走进酒吧,酒吧服务员总忍不住问:"这是个玩笑吗?"

三段式幽默大部分都很简短,只有两三句话,但如果处理得当,即便是几百字长的故事,也不会在讲述过程中失去张力。三段式的第一段往往很平淡且合乎常理,只有到了最后一段作者才极尽夸张和大胆之能事。

一个女人最近利用一个冷冻了七年的胚胎怀上了孩子。她说:"我完全不知道自己是会生下一个小男孩,还是一个小女孩,或者是一根炸鱼条。"

——柯南·奥布莱恩

88岁的爆米花之王奥维尔·雷登巴赫尔与世长辞,家人为他的身后事争论不休,他们讨论遗体到底是火化呢,还是用微波炉烤呢,或是用爆米花机爆。

——斯蒂芬妮·米勒

如果花生油来自花生,橄榄油来自橄榄,那么婴儿油从哪儿来?

——莉莉·汤姆林

神经质的人会建空中楼阁,患精神病的人会住在里头,我妈会把他们连锅端。

——丽塔·拉德纳

我认识一个选购木材最好的地方,那里的木材都被人切割好了,打磨好了,并拼成了家具模样。

——戴夫·巴里

三段式逆转

自古以来,人们便认识到"三"这个数字的神奇力量并加以利用。历史上很多掷地有声的名人名言都是三段式:托马斯·杰斐逊写道:"人人都享有生命、自由和追求幸福的权利。"亚伯拉罕·林肯被人引用的最多的一句话便是:"政府为民所有,为民所治,为民所享。"哒-哒-哒,哒-哒-哒,"三"具有的天然韵律和节奏,使它成为喜剧世界中最重要的数字。《三只小猪》(*The Three Little Pigs*)《金发姑娘和三只熊》(*Goldilocks and the Three Bears*)《三只盲鼠》(*The Three Blind Mice*),文

学作品《三个火枪手》(*The Three Musketeers*)以及电影《活宝三人组》(*The Three Stooges*)深受人们喜爱,这并非巧合。戏剧界如此迷信这个数字,演员们在舞台上敲门全都会敲三下,而且只敲三下。这便是真相,是全部真相,除了真相别无其他。

根据作家威廉·朗的理论,无论多长或者多短的喜剧段子,几乎都由三个主要部分构成,它们分别是:

S = Setup 设定(预备)

A = Anticipation 期望(三段式)

P = Punchline 关键句(高潮)

我们把 SAP 理论套用到以下笑话中:

 S = 我们是五旬节教徒。

A = 从小到大,我们不能看电影,不能听摇滚乐,不能化妆。

P = 除了还有一盏电灯泡和一辆车子,我们就跟阿米什人没差别了。

——雷尼·希克斯

S＝我和我老婆相处不来。

A＝我们分开吃饭，分开度假，分房睡觉。

P＝我在尽我所能地维持这段婚姻。

——米尔顿·伯利

如果可以的话，你可以把第二、第三个部分融合到一个句子里头，使故事更简短有力。在以下例子里，三段式的第三句便是故事的关键句。

人临终前会看到隧道尽头的一道光。我爸爸死的时候，他看到这道光，并迎着它走去，然后把它关掉好省电。

——哈兰德·威廉姆斯

在以下例子中，笑话的三个主要构成都放在三段式里。

如果你想被人看见——站起来！

如果你想被人听见——说出来！

如果你想招人待见——嘴巴闭起来！

如果改为两段式其效果会大打折扣：

如果你想被人听见——说出来！

如果你想招人待见——嘴巴闭起来！

幽默还在，但没有三段式营造故事张力，便削弱了关键句的表现力度。但如果把三段式变成四段或五段式，又会把战线拉得太长，使得观众在等待关键句的过程中失去耐心。

> 如果你想被人看见——站起来！
> 如果你想被人听见——说出来！
> 如果你想被人重视——动起来！
> 如果你想被人接纳——参与进来！
> 如果你想招人待见——嘴巴闭起来！

如果三个例子已足够说明白你的意思，根本没有必要用到五个例子。

虽说这种结构一般来说能达到最佳效果，但你写作时不必拘泥于非三段不可。在列举式的笑话中，你前面可以用两个、三个、四个，甚至更多例子做铺垫，只要能恰到好处地把故事推向高潮。

> 华盛顿特区一位警察总结出美国首都的四大犯罪现象：谋杀、暴力伤人、抢劫以及国会法案。

娥玛·邦贝克喜欢一口气用四个、五个，甚至六个例子，数目并不重要，重要的是能否把观众的期待值推向最高点。

> 我给在迈阿密的朋友伯尼打了个电话，问他最近过得怎么样。
> "不太好，"他说，"我两只眼睛都患上了白内障，听力几乎等于零，我的记忆力如此糟糕，总是忘了把东西放在哪里，两只手成天颤抖个不停。"
> "太不幸了，"我说，"有什么好消息吗？"
> "有，"他说，"至少我考上了佛罗里达州的驾照。"

除了三段式,幽默写作还有很多与"三"相关的法则。

1. 在一段独白中,关于同一话题的笑话不要超过三个;
2. 说一个段子最理想的时间是三分钟;
3. 一篇文章不要超过三个话题。

表演时间

经典笑话,"换一个灯泡需要几个……",便是三段式的典型例子,正如前面所说,前面两段是第三段的铺垫。以下是几个反映美国各州特色的例子:

 换一个灯泡需要几个路易斯安那州人?

三个:一个扶梯子,一个扭灯泡,另一个贿赂政府官员要许可证。

弗吉尼亚州人呢?

三个:一个扶梯子,一个扭灯泡,另一个精心打扮的女士在旁边抱怨前一个灯泡要比这个好看得多。

俄勒冈州人呢?

42个:一个扶梯子,一个扭灯泡,另外40个起草环境影响报告。

仿照这些例子完成以下练习。本章结尾附有参考答案。

换一个灯泡需要几个政客?

几个律师?

几个医生?

几个洛杉矶警察?

几个汽车维修工?

趣闻三段式

正如第七章所说,你要用尽量简短的篇幅讲述一则趣闻。三段式也不例外,尽管它的篇幅相对较长,你还是要尽量精简字数。

 一位牧师回到家中,发现自己的老婆赤身裸体地躺在床上,房间里弥漫着雪茄的味道。他从十层楼高的窗户往下看,只见一个抽雪茄的人正要离开这幢公寓。牧师气急败坏地搬起家里的冰箱,推出窗户把那人砸死了。

"你为什么要这样做?"街上有人惊呼,"你杀了我的神父。"

牧师羞愧难当,于是从窗户跳下去了。

没隔多久,一位神父,一位牧师,还有一位拉比来到天堂门外,天使问他们是怎么死的。

"我不知道,"神父说道,"我只知道无缘无故有一台冰箱砸到我头上。"

牧师说:"那是我砸的,我砸完以后很后悔,于是跳窗自杀了。"

"那么你呢,拉比?"天使说。

"你可问倒我了,我什么都没干,只是老实地待在一台冰箱里……"

幽默写作对文字的要求比其他文学作品更高,因为它要求作者在有限的篇幅内把故事的气氛推向最高点,引起观众即时的剧烈身体反应。你的目标是尽可能地减少字数,但要注意,言简意赅不等于压缩内容,后者往往会削弱笑话的效果。

 三个儿子和他们的老婆一起庆祝父母结婚五十周年。晚餐时,大儿子站起来说:"爸爸,妈妈,我本来想给你们买礼物,但我和苏西夏天去了一趟欧洲,差点没破产。我祝你们永远幸福。"

二儿子接着说:"亲爱的父亲,母亲,我本来也想给你们买礼物,但我刚给南希买了一条钻石项链,资金有点儿周转不开。"

三儿子也说:"爸,妈,我俩刚买了一艘汽艇,最近手头很紧。祝你们健康、长寿。"

"没关系,儿子们,"父亲说,"我知道破产是什么滋味。我从没告诉你们这件事,50年前当我和你们的母亲决定结婚时,我们连领结婚证的钱都没有,所以我们也没办结婚仪式。"

其中一个儿子激动地说:"天啊,爸,你知道这样一来我们仨都成什么了吗?"

"我知道,"父亲说,"而且是最低贱的那种。"

我们把字数减少一半试试:

儿子给父母庆祝结婚五十周年。他解释道，自己最近花销太大，没法给父母买礼物。父亲同情地说："我知道这是什么滋味，我和你母亲当年日子也过得很紧张，连领证的钱都没有，所以我们从没正式结婚。"

"天啊！"儿子惊呼，"你知道这样一来我都成什么了吗？"

"我知道，"父亲说，"而且是最低贱的那种。"

把三段式改成一段式便削弱了故事的悬念和张力，父亲最后的回答也显得不那么有趣了。不是说一个例子不够有趣，但前面三个荒唐的例子更具说服力。

表演时间

以下练习有助于让你的写作变得更形象。

1. 用具体化的语言重写一下句子。

搞点儿吃的
看电视
看书
开辆车

2. 找出你前面写的笑话，用形象的描述替换原来泛泛的叙述。
3. 当你写每天的幽默日记时，尽量使用生动、形象的语言。

三段式变体

这种幽默结构最常见的变体，就是在故事一开始便使用三段式，第二部分扯到别的话题，第三部分再回到原来的主题。

 服务员沙哑着嗓子说：我们有三种口味的雪糕，香草、巧克力和草莓。
客人：你有咽喉炎吗？
服务员：没有，只有香草、巧克力和草莓。

你还可以结合其他幽默写作技巧，比如用三段式开头，再来个逆转式的结尾。

 人类走到了这样一个分岔路口前：一条路通往绝望和无助，另一条通往灭亡。让我们祈祷我们有足够的智慧做出正确的选择。

——伍迪·艾伦

年轻小伙子挺好的，虽然他们来得太快，而且完事倒头就睡，但他们可以每晚都来一遍。

——罗西妮·巴尔

我想为大家介绍一位富有魅力、天赋和智慧的嘉宾，但不幸的是他今晚来不了，所以有请……

你们谁看了昨晚的《幸存者》（Survivor）*？要说到剧本出色、激烈的戏剧冲突，还有演技精湛——这部剧一样也没有。

（*《幸存者》是一档真人秀节目。）

😎 我做了个噩梦,电梯停了,和我一起被困在里面的还有雅尼、肯尼·基和迈克尔·波顿*……但我手中的枪只有一颗子弹。

——戴夫·阿泰尔

(*"雅尼、肯尼·基和迈克尔·波顿"都是著名音乐人。)

我老婆的家庭成员包括三位兄弟和一只狗:汤姆、迪克、哈里和罗弗。哈里是那只狗。

还可以两个三段式一起用。

 和我约会的规矩是:我不想听你说你的车子、你的前女友,还有你那无聊的破工作。你该做的最浪漫的事就是放松心情,给我买杯喝的,然后彻底闭上嘴巴。

——旺达·塞克丝

三段式还可以用在肢体幽默中。有一次,鲍勃·尼尔森要在镜头前说一个关于大学美式足球的笑话,于是他把两个气球塞到肩膀上充当球衣的肩垫。他开始把气球从衣服的下摆往上移,到腰间时他说:"这是我的外婆。"到胸部时他说:"这是我的梦中情人。"接着,他把气球拨到胸部两侧说:"这是我梦中情人躺下来的样子。"最后他才把气球塞到肩膀上。

这又叫转场笑话,为免在换道具的时候出现冷场。记住,除了偶尔的故意留白,冷场是喜剧演出的大忌。

表演时间

和其他形式的幽默一样，三段式笑话也必须以一个大胆且出人意料的高潮结尾。为以下笑话分别写一个惊讶的结尾，然后翻到 138 页和专业作家所写的做对比。

 有人总结出纽约人说得最多的三句话。第一句是："嘿，的士。"第二句是："去布鲁明戴尔百货店我该乘哪一路地铁？"第三句是……

男人应该和舒洁纸巾一样，柔软、坚韧……

我爱佛罗里达，这里一切都和 80 有关，温度、年纪……

和女人做爱就和买房子一样……

参考答案

以下是 131 页练习的参考答案：

 换一个灯泡需要几个政客？

36 个，2 个支持法案，33 个构成通过法案需要的人数，1 个换灯泡。

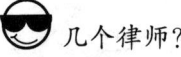几个律师?

三个,一个换灯泡,一个给房子的电工打电话,一个告电力公司供电电压不稳把灯泡烧坏了。

几个医生?

三个,一个找灯泡专家,一个找安灯泡专家,一个向医保公司索赔。

几个洛杉矶警察?

三个,一个把新灯泡拧进去,一个把旧灯泡毒打一顿,另一个负责把现场拍下来。

几个汽车维修工?

六个,一个给你估价,一个挥着锤子恐吓你接受,另外四个找来更多灯泡给你换上。

以下是第137页练习的答案:

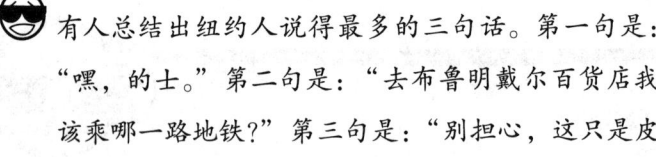有人总结出纽约人说得最多的三句话。第一句是:"嘿,的士。"第二句是:"去布鲁明戴尔百货店我该乘哪一路地铁?"第三句是:"别担心,这只是皮肉伤罢了。"

——大卫·莱特曼

男人应该和舒洁纸巾一样,柔软、坚韧,即用即弃。

——雪儿

我爱佛罗里达，这里一切都和 80 有关，温度、年纪，还有智商。

——乔治·卡林

和女人做爱就和买房子一样，最重要的是地点、地点，还是地点。

——卡罗尔·利弗尔

第十章
现实、夸张和贬抑

 当你发现一件事很有趣,深究它背后隐藏的真相。
——萧伯纳

一般人看来,幽默写作是自由式,怎么好笑怎么来,但在专家的耳朵里,幽默是有一定结构的。没什么结构比现实和夸张交错更明显,这是幽默六道标准配方的其中两道(六道配方分别是:目标、敌意、现实、夸张、情绪、惊讶),在幽默世界里,它们就像天平的两端,必须一般轻重。

 我老爸年纪大了裤子便越提越高,到 65 岁那年你只能看到他的头和一条裤子了。
——杰夫·奥尔特曼

在以上笑话里,现实的部分是爸爸越拉越高的裤子,夸张的部分是裤子都拉到头上去了。现实是必要的,因为它能让观众对同一目标产生敌意,再用后半部分的夸张来制造张力和惊讶。这是戏剧的常用技巧,舞台上发生的一切完全可以高于生活。

接近现实

喜剧要高于生活,但首先要接近生活。现实元素正是情景喜剧如《全家福》和《考斯比一家》(The Cosby Show)取得成功的主要原因。比尔·考斯比说:"我创作的窍门不是尽可能有趣,而是尽可能真实。"你的笑话听起来越真实,就越容易让观众产生共鸣。

 我说笑话的方式就是说出真相,真相是世上最有趣的笑话。

——萧伯纳

笑话中的现实元素使观众产生参与其中的感觉。我们都关心最近发生且与我们生活息息相关的事(广告界影响最大的三个词分别是:免费、减价和最新)。当然,你的故事除了真实,还必须能勾起观众兴趣。每个人都有过这样的经历:当别人夸夸其谈自己的生意或家事时,你听着听着便上下眼皮打架了。

有一半时候对方根本不关心你的事,至于另一半,人家心里正为你的遭遇幸灾乐祸呢。

 在一间酒吧里,一个男人对着另外一个男人喋喋不休,后一个男人终于开口了:"说来奇怪,通常我是个很关心别人的人,但对你么,出于某个理由,我完全不在乎。"

说到现实的重要性,读者也许要问了:幽默不都是虚构的吗?没错,但幽默当中必须包含一定的现实元素,才会引起人们的关注。如果你一开始就告诉听众"本故事纯属虚构",没人会关心,更没人会笑。

 我认识一个男人,他小时候老啃他的字母积木,啃到15岁才啃腻了。

这笑话很简单，里头包含的现实元素是：小孩子都爱啃积木，至于"15 岁"则是运用了夸张。但这笑话不好笑，因为没人关心所谓的"一个男人"。

但如果我们能找到一个符合角色设定的公众人物——在这个笑话里，是一个脑袋不大灵光而且不太讨人喜欢的名人，观众们的敌意才能有的放矢。

史泰龙的妈妈爆料说，他靠啃字母积木才学会了认字，但副作用是还学会了"食言"。

人们受到各种电视、电影、广告等媒介的影响，总是习惯性地认为名人便与众不同甚至高人一等。幽默家的任务就是把媒体吹出来的气球挨个儿戳破。

夸张

英国人说，下等人喜欢把小的说大，上等人喜欢把大的说小。幽默没有阶级之分，夸大和贬抑兼而有之。笑话总是用一个真实可信的场景开头，然后对其进行夸张和扭曲。夸张是最简单也是最有效的搞笑手段，几乎所有幽默体裁中都会用到：漫画家夸大肢体动作，模仿者夸大说话口气，喜剧家则在语言上下功夫。

成功的幽默作品大多以事实为基础，要把喜剧效果最大化，关键便在于把握好现实和夸张之间的平衡点。你不能过分扭曲事实，要让观众体会故事中现实和夸张的联系。

我说过一千遍了：说话不要夸张。

幽默来自惊讶，没有惊讶就没有笑声。正如我们在第九章中讨论过的，三段式的头两段通常只是平铺直叙，第三段才来个出人意料的逆转，而这个逆转往往要经过夸张处理。现实只是铺垫，夸张才是笑话的核心。"你首先要掌握事实，"马克·吐温说，"然后才可以对它进行恣意扭曲。"

在幽默中，现实与夸张的关系就好比一根橡皮筋：

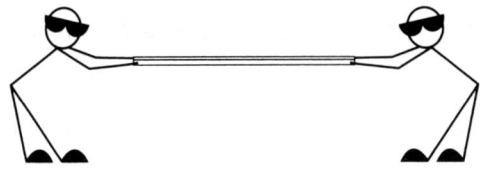

1. 拉伸改变橡皮筋的形状，夸张改变人们对现实的看法；
2. 拉伸增加橡皮筋的张力，夸张增加笑话的张力；
3. 拨动拉伸的橡皮筋会发出声音，拉得越紧，声音越高。这好比观众的情绪和反应，张力越大，观众情绪越高涨，反应越强烈。

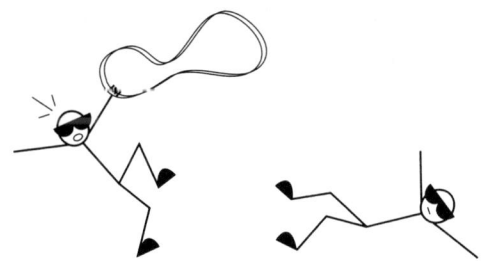

找到现实和夸张之间的平衡点，正是对幽默作家的最大考验。你的夸张必须符合逻辑，才能产生幽默效果。过于荒唐和大胆的夸张不是一种技巧，而是菜鸟的表现。作家用现实开头，然后决定夸张往哪个方向走以及走多远，才不至于破坏故事的可信度。

现实夸张到极致便能达到最佳笑果，在数学上，1 + 1 = 2，在幽默世界里，1 + 1 = 11。夸张也分为夸大和贬抑，以下分别有两个例子：

 **夸大：**

行政总裁对董事会成员说：先生们，这计划潜力无限，往上通往大量财富，往下通往监狱。

——罗伯特·曼考夫

这稻草人把乌鸦吓得把两年前偷走的玉米粒儿都叼回来了。

——弗雷德·艾伦

贬抑：

我做人是有要求的，尽管很低，至少我有。

——贝特·迈德尔

我这人对自己没什么信心，当我和别人上床时，总想象自己是另一个人。

——理查德·刘易斯

要是你问：夸张有没有上限？答案是，没有，你夸张得越厉害效果便越好。

我喝酒是为了让别人对我有兴趣。

——乔治·吉恩·内森

我是犹太人，从不做运动。如果上帝想让我弯下腰来，自然会把钻石放在地板上。

——琼·里弗斯

机场里所谓的随机抽查根本不是随机的,当你通过安检门时,他们手捧宣伟*色板站在旁边,如果你比卡其色深,他们就要搜查你了。

——旺达·塞克丝

(*"宣伟"指美国宣伟公司,是一家生产高品质涂料的公司。)

夸张看起来容易,其实不然,很多脱口秀新手都在这方面遇到了麻烦。他们通常第一步都做对了,用现实的情节开头,比如女性的穿衣打扮,酒吧里泡妞的对白,跟警察周旋或者广告标语,等等,但接下来的夸张部分,却失之荒唐或不合理,没能跟前半段的现实联系起来。这就是为什么新手平均成功率只有20%至25%,因为他们总在重复犯同一个错误:破坏了现实和夸张之间的平衡。

现实幽默 vs 非现实幽默

如果说幽默写作有所谓的第一感觉,那便是如何把握现实和扭曲之间的平衡,就像出色的新闻编辑能迅速判断某件事是否具有新闻价值,幽默家第一眼就能做出决定。

娱乐圈的关键词是诚实,当你学会怎么伪装为诚实时,你就进入这个圈子了。

——乔治·伯恩斯

很多人认为,一则笑话之所以失败是因为太夸张,其实应该说,是因为它不够可信。

汤米放学回家一脸懊丧。"我今天过得很糟,"他告诉妈妈,"我忘了一个答案,太尴尬了。"

"忘记一个答案没什么可尴尬的。"妈妈安慰他说。

汤米抬起头来:"要是在老师点名的时候呢?"

——迪克·谢贝尔斯基

接下来这个例子尽管夸张,但在逻辑上可信多了。

"春假*集体旅游的时候,我被赶出了酒店,因为我在游泳池里小便。"

(* "春假"是指学生在春季放的假,多在四月初。)

"他们怎么能这样对你?多的是小孩在池子里小便。"

"要是从14楼往下尿呢?"

一个土著说:"我想要一个新的回旋镖,但问题是没法把旧的扔掉。"

如果你躺在地上,没有拼命想抓紧栏杆,说明你还不够醉。

——迪恩·马丁

连女儿也不给我面子,我送她上床并且亲吻她,她说:"今晚不行,爸爸,我头痛得厉害。"

——罗德尼·丹泽菲尔德

夸张便是对你看到或听到的东西进行修饰,它几乎是一种本能,我们从小就知道夸张能引来他人的注意,当然也会给自己惹来麻烦。但如果一个夸张的故事以笑话的形式说出来，你不仅不会有麻烦，还会赢得赞许的笑声。

 念小学的时候，我演的小丑在学校里大受欢迎，以至于老师对每个来看我的人收四块钱门票并另设最低消费。

——比利·克里斯托

人们看喜剧时会变得宽容，不会质疑你说的话，因此幽默家可以抓住每个机会对现实进行加工。在别的情况下，过分夸张会让人认为你满口胡话，但在幽默世界里，如果夸张得法，保证能为你赢得满堂喝彩。

表演时间

杰夫·福克斯沃西的经典台词："你何时意识到自己是个红脖子乡巴佬？"后面跟着的往往是一个夸张句。

 你何时意识到自己是个红脖子乡巴佬？当你的门廊倒塌而且四条狗被杀的时候。

你何时意识到自己是个红脖子乡巴佬？当你认为《星条旗永不落》(*The Star-Spangled Banner*) 的最后一句是"先生们，请发动你的引擎"的时候。

仿造福克斯沃西的句式补充以下句子，本章结尾附有参考答案：

你何时意识到自己是个红脖子乡巴佬?

当你以为电视上的专业摔跤比赛只是……的时候。

当你去家庭聚会是为了……的时候。

当你感恩节要决定……的时候。

当你孩子学会的第一句话是……的时候。

当你买半打啤酒用的是……的时候。

当你不能和你的甜心结婚因为……的时候。

夸张化的数字

数字具有逻辑性,一旦人为使它们失去这一特性,结果总让人捧腹不已。

夸张化的数字一方面是要提醒观众"嘿,这是在开玩笑呢",另一方面则是利用它,表明作者的观点或态度。

这则笑话明显是夸张。假如他说的是 50 只蟑螂呢?当然这个数字要现实得多,但 2000 只蟑螂对观众来说更具画面感。那么如果他说的是 50000 只呢?这就有点儿像好莱坞的恐怖电影了,也许观众会毛骨悚然多于觉得好笑。

出于某个无法解释的理由,59 听起来比 60 多,69 比 70 多,也许因为 9 是个位数里面最大的,在喜剧表演中能起到强调作用。当你想在笑话里突出一个人的年纪时,用 79 而不要用 80。

 一个老头坐在候诊室里翻看一本《美国医学协会杂志》(The Journal of the American Medical Association),杂志里写道:研究表明,一个男人年轻时手淫的次数越多，年纪大了前列腺出毛病的概率就越低。老头看完狠狠地把杂志摔在茶几上，愤愤地说："好哇，我都79了他们才告诉我这个！"

表演时间

为你的笑话选择一个最佳数字，是幽默家的基本技巧。考考你自己，以下每则笑话都利用数字制造惊讶，读完后，列出可能适用的数字范围——从最小到最大，然后问问自己，替换原有的数字能否使笑话达到更佳效果。

 男人平均每天说 2.5 万个单词，女人平均每天说 3 万个。不幸的是，我每天晚上回到家时已经把 2.5 万个说完了，但我老婆直到我们上床时才开始。

——迈克尔·柯林斯

一天晚上，华盛顿一个街头小贩带着 1000 美元回家。"你哪里来这么多钱？"她老婆问。
"我把热狗的价格抬高了 50 倍。"
"什么人会买？"
"多了去了，他们全都在五角大楼工作。"

——《国家询问报》（*National Enquirer*）

在一个颁奖晚宴上，一名报纸编辑被评选为"社区领袖"之一，他又惊又喜，在回家的路上对他老婆说:"这城市能有几个人够格被评为社区领袖的?"

他老婆说:"反正比你想的少一个。"

贬抑

贬抑在幽默中是一项行之有效的技巧,因为它鼓励观众参与到笑话当中。使用这种手法最著名的作家莫过于伍迪·艾伦,他的风格深受 S. J. 佩雷尔曼影响,前半部分符合现实,后半部分却荒诞不经。

如果真有上帝,为什么世上会有饥荒和日间肥皂剧?

我不相信来生,但最好还是带件换洗的内裤。

贬抑尤其适用于自我嘲讽的笑话。观众总是喜欢谦虚的表演者。

人们问我有没有舞台恐惧症。相信我,舞台不能使我恐惧,只有观众会把我吓得屁滚尿流。

——罗伯特·奥本

几年前我父亲死了,我孤独的母亲搬到佛罗里达州去找她下半生的真命天子。在迈阿密,真命天子的定义就是两个帐户里有存款,而且不是固定的。

五个孩子的爸爸忙了一天回到家,在门口对老婆说:"亲爱的,我今天累坏了,麻烦再说一次每个孩子的名字。"

编辑对作家说:这文章写得不差。

作家:我本来就没打算把它写差。

——弗雷德·艾伦

都这份儿上了,我也不指望什么完美的爱情了,只要不让我想冲到巴士前一头撞死就成了。我的期望值很低,很低,基本上只要是头哺乳动物就可以了。

——珍妮·加洛法洛

把数字说小

故意把数字说小,其效果和夸大的异曲同工。

人们问《纽约客》(*The New Yorker*)的编辑哈罗德·罗斯,为什么要刊登詹姆斯·瑟伯,一个四流漫画家的漫画。罗斯说:"我不认为他是四流——也许是二流。"

和其他幽默形式一样,中间停顿有助于营造故事张力,把惊讶留到最后一刻。当一个记者问喜剧演员大卫·布伦纳对一家俱乐部最近的翻修工程作何感想时,他说:"很漂亮,让人印象深刻,一定能为这个地方额外带来350……美元的收入。"

舞台上的夸张与贬抑

脱口秀演员艾伦·德杰尼勒斯和杰瑞·宋飞擅长在舞台上运用夸张和贬抑。以下是德杰尼勒斯的几个笑话:

60年代迷幻药大行其道，好些片子在那个年代出现并非巧合，比如《修女飞飞》(*The Flying Nun*)。

一段关系破裂前总会有征兆，一些很小的事情都能撩拨你的神经："你有完没完，老这么呼气吸气的，烦死人了！"

我刚听说企鹅是一夫一妻制，对此我一点儿也不意外，因为它们都长得一模一样，和前一只离婚了也不会找到更好看的。

以下两则是宋飞的：

你要问我约会和持续一整晚的工作面试有什么区别？我想唯一的区别就是后者你到头来不会一丝不挂。

广告演示这洗衣粉能把血迹清洗得多么彻底，我看着心想，要是我有件沾上了这么多血的T恤，我操心的不是怎么把它洗干净，而是怎么把尸体处理掉。

表演时间

夸张利用扭曲一个人的行为或经历制造笑料。试着补充以下句子：

> 我爸太糟糕了,每年复活节……
> 我们的镇子是如此的小……
> 我的童年是如此凄惨……
> 我虚拟性爱玩得太多了……
> 我盲目约会的次数太多了……

如何平衡现实与夸张

要在现实和夸张之间取得平衡,最好的练习便是用夸张的语言描述一幅现实中发生的图景。但注意了,有创意并不等于扭曲和失真。

英国著名喜剧团体"巨蟒剧团"(Monty Python)有个小品叫《傻走》(Silly Walk),约翰·克里斯在小品里演一个走路上班的公务员。以下是剧评家劳伦斯·沙姆斯对剧中人物的点评。

> 西装笔挺,头戴礼帽,一手提公文包,一手挂拐杖,西里·沃克一丝不苟地迈着一个公务员应有的步子,但他走着走着,突然觉得有点儿不对劲。他猛地伏下他那庞大的身躯,像一只没有毛的原始鸟;忽而他又像在躲闪着什么,弓起脊背,步伐凌乱地拖着脚走;这下他又屈膝半蹲,像一只猿猴似的,两只手几乎垂到地面。这幕小品的肢体语言如此有趣,让你乐得几乎满地打滚。但更绝的是西里·沃克的脸,虽面无表情,但显然流露出某种自鸣得意的神色。这个英国佬自认为有份让人称美的

工作,他自我感觉是如此良好,再过一亿年也不会想到,在别人看来他是如此滑稽可笑。

这类笑话往往以现实做铺垫,并用夸张制造惊讶,接下来的笑话恰恰相反。

一个侍应生的袖口被撕破,满手伤痕并在滴血,他走到一桌客人面前说道:很抱歉打扰你们,先生,你能从缸里另选一只龙虾吗?

——阿尼·莱文

很多人想把父母接到家里住,以尽孝道,但又不愿放弃自由、舒适的生活,由此产生的矛盾心情,便成了很多笑话的现实素材。

妻子:你老爸又开始打篮球了,他的口水滴得满屋都是。

儿子对父亲说:嘿,老头,我今晚有伴儿了,你介意到车库待一晚吗?

影视剧评论是保持现实主义与夸张并存的写作模式之一。评论家们总是忍不住用最尖刻、犀利的剑锋剖析别人的作品,几乎所有的笑话选集里,都少不了此类评论的精选片段。

当威尔伯先生命名自己的作品为《通往地狱之路的半程》(*Halfway to Hell*)时,他显然低估了这段距离。

——布鲁克·阿特金森

昨晚看了《李尔王》（*King Lear*），演国王那人的焦虑表情，就像和他打牌的对手马上要打出黑桃A似的。

——尤金·菲尔德

有人看了塞西尔·B·戴米尔演的《霸王妖姬》（*Samson and Delilah*）后评论道：还是去看小说吧。

——约翰·斯坦贝克

表演时间

分别用夸张和贬抑的手法描述一个你认识的人，针对其外貌或性格的特点进行幽默式的扭曲。

用夸张的手法重写一则你喜欢的小故事。当你写的时候，加入现实与环境交错、似幻似真的情景。故事不必真实可信，这个练习的目的是开发你的喜剧想象力。

有个电视节目叫《这是谁的对白》（*Whose Line Is It Anyway*），专门考验演员即兴演出的能力。节目要求表演者为日常物件创造出新的用法。你也可以依样画葫芦，为家里的各种物件开发新的功能，当你这么做的时候，要怀着一种孩子般好玩的心情，鼓励自己进行夸张的想象。

选一个你熟悉的人，利用以下反义词组，用一句话对他/她进行夸张或贬抑的概括：胖/瘦，井井有条/邋里邋遢，保守派/自由派，贫穷/富余，愚蠢/聪明，等等。

比如：

我爸爸是如此井井有条,他……

我的爸爸如此懒惰,他……

参考答案

以下是 147 页练习的参考答案:

 你何时意识到自己是个红脖子乡巴佬?

当你以为电视上的专业摔跤比赛只是前戏的时候。

当你去家庭聚会是为了找对象的时候。

当你感恩节要决定吃哪一只宠物的时候。

当你孩子学会的第一句话是"大卖场的顾客们注意了"的时候。

当你买半打啤酒用的是分币的时候。

当你不能和你的甜心结婚因为这违反法律的时候。

以下是 152 页练习的参考答案:

 我爸太糟糕了,每年复活节都让我们穿一样的衣服,但带我们去不同的教堂。

——A. J. 贾马尔

我们的镇子是如此的小,我小时候就在镇上玩《大富翁》(Monopoly)。

——琼·扬

我的童年是如此凄惨,我一度想把头塞到简易烤炉里。

——玛丽·奥哈洛伦

我虚拟性爱玩得太多了,以至于我宝宝学会的第一句话是"你有新邮件"。

——宝莱拉·霍金斯

我盲目约会的次数太多了,我该给自己找只导盲犬。

——温迪·利布曼

第十一章
脏话

以下这则笑话以一句脏话结尾,它如此出人意料,就像亲眼看着一个朋友踩了香蕉皮摔个四仰八叉。你一边哈哈大笑,一边转身看旁人的反应,如果没人笑的话,你意识到自己也许不该笑。

有一条人行道穿过了一个高尔夫球场。一个球从半空飞来,几乎砸中一个干瘦的老太太。
她尖叫道:"你为什么不大叫提醒我?"
"来不及了。"高尔夫球员说。
"哦,是吗?"老太太说,"但你倒来得及大叫'噢,我靠!'"

只要运用得当,粗俗的台词十有八九会奏效。作者大可用别的方式为上述笑话收尾,但如果老太太说的是,"但你倒来得及大叫'噢,天啊'",效果会差得多。"幽默就像游击战,"作家德怀特·麦克唐纳说,"只有轻装上阵,出其不意,打了就跑,才能取胜(还有生存)。"

兰尼·布鲁斯和乔治·卡林都喜欢在笑话中来点脏话,不仅使叙述更生动,还能引起人们的注意。乔治·卡林认为,粗俗与否是相对观众而言,"如果一个词能使你震惊,那是你的问题"。在他看来,英语词汇里已经没几个词不能公开在电视上说了。

人体功能是幽默的另一个主要来源。此类笑话是餐桌上的禁忌,正因为如此,它才别具吸引力。

> 我在餐馆里吃得正香,旁边一个人说:"介意我吸烟吗?"我说:"哦,不介意,介意我放屁吗?"
>
> ——史蒂夫·马丁

克利夫兰州立大学的教授威廉·奇泽姆说,在如今的社会里,粗俗的语言是如此普遍而且随处可闻,再也没人听了会吃惊或者恶心。由于笑话是对敌意重新包装,带点儿脏话更能传达说话人的真实感受。

> 那两个人说我说话难听,于是我把他们带到我的车上,关门时故意夹了他们的手,他们一个说"我靠",一个说"他妈的"。
>
> ——里德·福克斯

尽管有些人很反感,但无可否认,粗俗的因子已经渗入现代戏剧的血脉当中。

充斥着通俗语言和黄色内容的幽默之所以大行其道,其逻辑很简单:幽默不领导社会的步伐,而是对社会潮流亦步亦趋。幽默取笑人类的过失和缺点,包括我们的语言。我们语出惊人以博取他人的注意,久而久之,即使脏话还不至于成为幽默的同义词,也至少构成了其中重要的一部分。

有些隐晦的黄色幽默,只能被某个团体或圈子的成员理解,它有助于加强这个群体的内部团结。

震惊疗法

喜剧质疑一切。对幽默家来说,没什么是不可触犯的,不管是教皇、上帝、总统、国旗,还是残疾儿童、社会性疾病。不仅丈母娘,连母亲也不能幸免。

我们对军队挥金如土,却大幅削减教育经费。难怪我们有这么多智能导弹,还有这么多熊孩子。

——乔恩·斯图尔特

有人质疑,这些故意雷人的语言是真幽默呢,还是只是幼稚的表现。一个成功的作家,应该凭创作上的新意而不是口无遮拦受到认可。很多时候,黄色笑话不仅不能把人逗乐,还会让人面红耳赤。

批评家质疑,为什么幽默总是聚焦于社会的阴暗面?比如滥用药物、酗酒、性无能、变态,还有各种传染病?答案很简单,因为观众爱看。

社会对粗俗语言的包容度越来越大。70年以前,克拉克·盖博在《飘》(*Gone With the Wind*)里的最后一句对白,"老实说,亲爱的,我他妈的一点儿也不在乎",让美国举国震惊;然而时至今日,在电影分级制度下,大屏幕上几乎没有话不能说了。同样的电影对白,当年让兰尼·布鲁斯身陷囹圄,今天却让梅丽尔·斯特里普获奖无数。

粗俗和有趣之间并不能画上等号。一个单词并非只代表某个发音或是几个字母的排列组合。在幽默世界里,每个词都是一枚被精心计算过发射轨道的导弹,精确无误地击中目标并产生爆炸性效果,这样的词往往不可替代。

圣诞节前几天，邮递员在一户人家门口被一位年轻貌美、身材火辣、穿着透明睡衣的少妇叫住了。"我在楼上有份礼物要送给你。"她说完一把抓住邮递员的手，把他拉到卧室和他做起了爱。

完事后她把他带回厨房，给他泡了一杯咖啡。

"老实说，马丁太太，"邮递员说，"自从你几个月前搬到这个社区来，我就幻想着有这么一天。这真是一份珍贵的礼物。"

"不，这还不是全部，"少妇说，"再给你五块钱。"

"这是什么意思？"邮递员说。

"你真想知道的话，"少妇说，"昨晚我问我丈夫我们应该送你什么样的圣诞礼物，他说：'×他，给他五块钱好了。'"

以下两则笑话内容相若，但前者用词文明后者用词粗俗，你认为哪个效果更好？

 斯文版

两只母鸡在聊天。一只说："我家农夫卖一打我下的蛋能赚六毛钱，这钱赚得太容易了。"另一只说："对我来说并不容易，我下蛋时又呻吟又叫唤，这样下的蛋比较大，我家农夫一打能卖出六毛五分。"第一只鸡说："为了五分钱，不值得我勉强自己。"

 粗俗版

两只母鸡在聊天。一只说："我家农夫卖一打我下的蛋能赚六毛钱,这钱赚得太容易了。"另一只说:"对我来说并不容易,我下蛋时又呻吟又叫唤,这样下的蛋比较大,我家农夫一打能卖出六毛五分。"第一只鸡说:"什么?你让我为了五分钱把菊花拉爆?"

观众对这类通俗的语言情有独钟,哪怕有时不合乎逻辑。

 主持人:大家对萨姆要多担待点儿,他的心脏起搏器出了点儿问题,每次他放屁,车库门就会卷起来。

大家为什么要笑?这笑话根本说不通。人们笑的正是它的语言。作家总在搜索最恰当的用词,好比作曲家搜索最恰当的音符,他们都是在为作品寻找最完美的声韵。一旦找到了,就应该大胆使用它们。但使用这类通俗乃至粗俗的语言时,应该符合说话人的身份和性格。

 一位游客在哈佛校园里问一位教授:"打扰了,能否告诉我图书馆哪个方位呢在?"

"先生,"教授不屑地回答,"在哈佛,我们从不用介词结束一个句子。"

"是吗,不好意思,"游客说,"请允许我再说一遍,能否告诉我图书馆哪个方位呢在,混蛋?"

——查尔斯·奥斯古德

这类笑话不免招来批评,幸运的是,美国宪法确保我们有言论自由,而幽默更是言论自由中最自由的一种形式,它不该受到审查,尤其是作者本人的审查。

以下是粗俗式幽默的一个例子。如果没有脏话，笑点也不复存在。

一个男人走进一家银行对出纳员说："我要在这里开他妈的一个账户。"

年轻的女士说："不好意思，先生，银行里不能使用粗言秽语。"

"把你他妈的经理叫出来！"男人说。

几分钟后经理出来了。"怎么回事？"

"我刚中了一千万彩票，要开他妈的一个账户！"

经理马上说："我明白了，而这婊子给你脸色看对吧？"

——《花花公子》（*Playboy*）

对于这类幽默，批判声音最大的往往是最虚伪的人。在美国，有什么杂志比《读者文摘》（*Reader's Digest*）更传统、更保守？但里面仍有50%的笑话有关胸罩、内裤、马桶、胸部或者性爱。以下由八卦专栏作家Hy·加德纳撰写的趣闻便刊登在《读者文摘》上：

广告制作总监梅尔·赫利泽登门拜访影星何塞·费勒，和他讨论一个电视节目。费勒为妻子罗丝玛丽·克鲁尼没能下楼迎客道歉，因为她要在楼上照顾他们的5个孩子。

"孩子多大了？"赫利泽问。

"分别是，5岁、4岁、3岁、2岁和1岁。"费勒微笑道。

"天，但愿我在这里没有耽搁你什么。"赫利泽说道。

舞台上的雷人艺术

今天的喜剧演员在舞台上对粗俗语言和禁忌话题都持无所谓的态度。

宗教对我来说就像一条卫生巾——如果合用就贴上好了。
——乌比·戈德堡

到了我这年纪,偶尔勃起一次便是万幸了,不然弹出一面"多谢参与"的小旗子我也挺高兴的。
——理查德·刘易斯

互联网把人们联系起来,不管你的性倾向如何,都能在上面找到志同道合的人。假如你搜索"喜欢和在火上烤的羊做爱的人",电脑会问你:"具体是哪一种羊?"
——理查德·珍妮

我在空军待了五年,在那里,除非对方打算性骚扰你,否则没人跟你说半句话。有位军官说我是同性恋,我坚决否认,当时我正光着身子骑在她身上。
——琳达·蒙哥马利

有多少被汽车撞死的动物其实是自杀的?拜托,那些兔崽子明显是存心找死。 ——凯瑟琳·坎兹

现在我对比尔·克林顿的小鸡鸡的认识比对自己的还多,真不知这是媒体的悲哀,还是我的悲哀。
——乔恩·斯图尔特

去读读那些避孕套的盒子，真的很好玩。特洛伊*的上面写着："新形状。"我不知道这有什么必要。另一个牌子上面写着："蓄水池。"我说，你真当那玩意儿能水力发电啊。

——伊莱恩·布斯勒

（*"特洛伊"是美国一个著名的避孕套品牌。）

我一度考虑去当修女，我想我能成为一个很好的修女。后来我和别人上床了，"算了，管它呢"。

——戴安娜·福特

雷还是不雷？

黄色笑话即便本身不咋地，里头雷人的用词也能让年轻观众捧腹笑翻。因此二流的喜剧家夹袋里总备着几条这样的笑话，以防前头正经的段子行不通，出现尴尬的冷场。如果你打算说这样的段子，不要忘了第一章我们说过的 M.A.P 理论——内容要符合表演者的角色设定和表演风格，而且得迎合台下观众群的口味。尽管黄色笑话已经被安德鲁·戴斯·克莱还有萨姆·金尼逊等人用滥了，但至今仍盛行不衰。

现在的问题不是黄色笑话该不该说，而是该什么时候说，该说多少。有经验的表演者，会在前头的段子里影影绰绰地来几句测试观众反应。如果观众不买账，他们就会赶紧转移话题，因为也许你能把人逼哭，但笑是逼不出来的。

 你是否有在起床时勃起，无意中翻个身，以为自己把小鸡鸡折断了？

——戴夫·阿泰尔

怎样的幽默算得上有品位？其标准因时而异、因地而异，但你得小心不要触怒你的观众，例如，限制级笑话只适用于喜剧俱乐部、电影，还有有线电视。幸运的是，正如阴茎有千奇百怪的委婉说法，很多带颜色的词汇都有相对"干净"的替代形式。记住，幽默家有个心照不宣的法则：只羞辱长得丑和缺心眼的人。因为没有人会站起来投诉："喂，你怎么能这么说我们这群傻帽？"

在以下三种情况下，喜剧家应尽量避免使用带颜色的词汇：

1. 当笑话的笑点是内容而不是语言时，使用委婉的说法会同样有趣；
2. 当委婉说法为更多观众接受时；
3. 委婉说法允许观众通过想象填补幽默中的留白时。

弦外之音是一种成熟的表达技巧。幽默老手总是把话说得很含蓄，只有新手才生怕别人听不懂。

我的园丁邀我去钓鱼。这天快结束时，我说："我搞不懂了，我的鱼竿比你好，鱼饵比你好，我们坐的是同一条船，为什么我一条也没钓着而你钓了一大堆？"
园丁说："我钓鱼全凭预感，我早上起来时，如果发现我老婆向右躺，我就从船的右边钓，如果发现她向左躺，就从左边钓。"
"如果她正面朝上躺呢？"我问。
"我根本不会出门钓鱼。"

第三部分

针对特定市场的幽默

第十二章
撰写幽默讲辞

一旦你把人们逗乐了,他们就会对你俯首帖耳,你让他们买什么他们就买什么。

——赫伯特·加德纳

对于很多年轻人来说,第一次幽默表演的机会来自被人叫上台发表演讲。新闻广播员大卫·布林克利曾经说过,我们到了这么个阶段——愿意在午餐会上演讲的人比愿意在台下听的多。

最近一项调查显示,人们最大的恐惧是公开发表演讲,排名比死亡还高。死亡只排第三。换言之,在葬礼上,更多人愿意当躺在棺材里的那个,而不是发表悼词的那个。

——杰瑞·宋飞

无可否认,演讲词的需求量比任何时候都要大。在如今的信息时代,人们主要通过互联网、电视、掌上电脑、广播、电子邮件和手机获取信息,但我们仍有很多机会从办公桌后走到台前,对着一大帮人发表演说。比如企业午餐会、联谊会,以及各种社会、政治、宗教组织,对具有娱乐精神的演讲人的需求仍在增加。甚至一个策划人为客户安排项目前,首先想到的,是怎么发表一番引人入胜的演讲。

俗话说,闻道有先后,术业有专攻。每个人都可以是某个领域的专家,对于某一特定话题而言,你知道的比同一间屋里的任何人都多。我们因此也就具备了上台讲演的资本。但你不仅要知道说什么,还得知道怎么说。19世纪末,英国政治家约翰·莫利写道:"演讲有三个主要因素:谁说的,怎么说的,说的什么。其中第三项是最不重要的。"

演讲为喜剧家提供了绝好的舞台。很多幽默作家经常会接受一些小型演讲的邀请,为的是测试自己最近写的东西。如果乔治·卡林当初没有投身喜剧脱口秀,他很可能会成为一名著名演讲词撰稿人。在他妻子过世后,他写了一篇1500字的讲稿,让人们学会珍惜眼前人。在这篇讲稿里,他运用了多项技巧,包括对应、三段式、联系想象等。事实证明,这些技巧在严肃和幽默的演讲中都很有效。以下是演讲的节选:

 我们只知道如何谋生,不懂得如何生活。我们每天脚步匆匆,生活中充斥着一次性尿布、即用即弃的道德标准、一夜情、超标的体重,以及各种功能性药丸。在这个时代,我们的橱窗琳琅满目,库存却是空空如也。请记着,花时间和你爱的人在一起,因为他们不会永远待在我们身边。花时间去爱,花时间交谈,花时间分享生命中宝贵的时光。生命不是用我们吸进多少口气衡量,而是用那些让我们屏息凝神的时刻。

不管你是为自己还是为客户撰写讲词,有五个地方应该用上幽默。

1. 标题
2. 出场介绍
3. 开场白
4. 演讲内容
5. 结束语

标题:引人入胜

标题对于一个演讲的重要性,远超大部分作家的想象。它不仅表明演讲的主题,还能引来公众的关注,甚至增加媒体曝光度。当主持人在台上宣布接下来的演讲题目,它还能提示观众,接下来应该用一种什么样的情绪去听。观众总是期待下一个演讲比上一个更好,因此有经验的主持人在感谢上一个演讲者后会说:"接下来便是大家期待已久的……"(反正你绝不会听到他们说:"重头戏已经结束了,接下来的大家将就听吧。")

 上次我去演讲时,项目主持要我说说教职员和学生发生性关系导致的严重问题。我老婆不喜欢这题目,于是我骗她说,我要把题目改成坐飞机次数太多的后果。那个关于性的演讲大受欢迎。第二天,其中一名听众的老婆在超市遇到我老婆,她说:"我听说比尔昨晚的演讲很成功,他一定是这方面的专家。"我老婆说:"才没有,他只试过两次,第一次把包丢了,第二次回来拉肚子。"

即便演讲的是严肃性题目如政治、经济、商业或教育等，在标题中巧用幽默也能增加观众的兴趣和出席人数。举个例子，销售培训演讲对一间公司来说非常重要，销售经理为吸引更多业务员参加，会采用以下题目：

 尤吉·贝拉说得对——没到真正结束时都不要轻言结束。

正如亚历山大·贝尔所说："你说我的三分钟已经用完了，这是什么意思？"

以下的话，他们永远不敢告诉你……

表演时间

列出你觉得自己有资格对此发表演讲的题目，并针对每个题目写三到五个幽默标题。记住，这些标题既能揭示主题，又要引人入胜。

出场介绍

用幽默的方式介绍演讲者出场，能使他/她更具亲和力，并容易被听众接受。不要让那些三流主持人把你的简历从头念到尾，谁愿意听那一大堆乏味的数字、头衔和奖项罗列？

最好的办法就是自己给自己写出场介绍，突出你的特点和闪光点。在演讲前几天,你得问主持人有没有准备好你的出场介绍,即便有,向对方建议,加入一点儿幽默成分能活跃全场气氛。主持人一般会乐意接受,因为他们也希望自己的台词变得更有趣。不要觉得不好意思,只有你和主持人知道出场介绍到底是谁写的。

让一个人集中精神听演讲的最佳方法就是告诉他,下一个上台的就是他。

表演时间

为自己写一段出场介绍,对你的专业经验做个小结。它既要和接下来的演讲题目有关,让观众做好心理准备,又能解释为什么你够资格站在台上,当然少不了幽默成分,但不要让它弱化你的专业角色。以下来看看马克·吐温如何在演讲前介绍自己。

女士们先生们,接下来将由塞缪尔·L.克莱门斯发表演讲,他既有突出的人格魅力,坚定的操守,还有出众的外貌,优雅的风度。

他就是我!

我很乐意代替大会主席介绍自己出场,因为我知道他从不夸奖任何人,而我说的可以像他一样好。

开场白

接过主持人抛来的"高帽"后,舞台便属于你了。你不妨试试这样的自贬式开场白:

主持人过誉了,对一名演讲者来说,最难记住的莫过于,在主持人夸奖你的时候别点头。

保持低调是件好事,但记住不要谦虚太过以致让人觉得很假。前以色列总理梅厄在介绍一位同事出场时说:"不要这么谦虚,你没这么厉害。"

即便对一名专业演讲者来说,适度的紧张是自然的,可以增加肾上腺素分泌,提升你的表现水准。抛出几句幽默,更能消除听众对你的陌生感,使接下来的内容更易被人接受。

我得承认,我坐在办公桌后比站在讲台上自在得多。我来到这里的时候,决定先去洗手间洗把脸,提提神。我听到身后有个声音说:"韦尔斯先生?你每次演讲前都这么紧张吗?""不,"我说,"我不紧张,为什么这么问?"那个声音说:"不然你在女厕所里干什么?"

开场白里的幽默不要多于三则。(还记得第九章的一系列"三法则"吗?在一段独白中,同一话题的笑话不要超过三个;一个段子最理想的时间是三分钟;一篇文章不要超过三个话题。以上法则也适用于其他写作体裁和现场演出。)作为演讲者,不要像喜剧演员或者大卫·莱特曼一样自吹自擂,他们这招行得

第十二章 撰写幽默讲辞

通，因为他们的舞台性格设定如此。

以下开场白能让曾饱受冗长演讲煎熬的观众会心微笑。

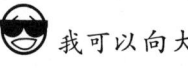我可以向大家保证，听完我的演讲你不会聪明许多，但会变老许多。

演讲内容

通常来说，越容易理解的东西写起来便越困难。演讲词也不例外。但如果你有话可说，这过程会容易得多。你得牢记一点：我为什么要做这一番演讲。

公开演讲就是一门如何把两分钟的点子稀释为两小时长篇大论的艺术。

——埃文·艾萨

不要为达到幽默效果而牺牲要表达的内容。你的演讲词里必须有实质内容，里头的笑料才能发挥最大功效。记住，幽默是调味而不是主料。

要在晚餐后发表一番成功的演讲，秘诀在于简洁。

一个好的演讲人，应该站起身来便马上坐下去。

一个演讲，包括开场白在内，不要超过20分钟。最理想的语速是每秒钟两个到两个半单词，换言之，一份演讲词最多只能有3000字。这也是罗纳德·里根最偏爱的演讲篇幅，他的座右铭是：不朽的演讲不必永久（即滔滔不绝）。

😎 如果你无法把你要传达的信息浓缩到一个句子里,你就没法在一小时内说完它。

——戴安娜·布赫

演讲中的句子必须比其他阅读材料简短,因为如果听众第一遍听不懂,他们没有机会听第二遍。一个句子最理想的长度是14个单词,但你要适当运用长短句,以免演讲变得太单调。

让演讲变得有趣

想成功传达你的信息并使人铭记,要记住以下三点:

1. 内容要有趣
2. 讲者说得自然
3. 观众听得舒坦

和前面说过的 M. A. P 理论一样,以上三点同样重要且相辅相成。如果演讲者自己说起来别扭,观众听着也别扭,气氛会登时变得尴尬,更别说有趣了。

内容要有趣

你的讲稿不能只是读起来幽默,还得听起来幽默。有些笑话用了很长的铺垫(淘汰),有些用方言表达(淘汰),有些要利用同音词——而它们只能用文字形式表达,口头表达的效果差得远,甚至会完全失去笑点(所以,也淘汰)。

在说笑话或趣闻的时候,你不能只是埋头念讲稿,得看着台下的观众。你不必把一份讲稿从头到尾背下来,但要记住当中的幽默部分,因为你得拿出自信,声情并茂,才能达到它应有的效果。

尽量使用第一人称并联系本地的人物或事件,哪怕大部分观众都知道这是你编的。正如前面所说,幽默允许观众暂时放下疑心。没人会这么不识相,站起来揭穿你的笑话是假的。多用"我",还有"昨天""上星期"等,提起本地的人名或地名。

里根总统喜欢用自嘲式的笑话做开场白,尤其是一些非正式场合的演讲。有一次,他在白宫的草坪上出席一个颁奖礼,接待数百名校长和老师,他的头一句话便让大家忍俊不禁:

 虽然我离开学校已经好些时候了,但看到这么多校长还是很紧张。

这又是一个"看菜下碟"的典型——对什么观众就该说什么笑话。又如以下一则笑话,里根永远不会拿到国会上说,但选民听了便很受用。

 政治是世上第二古老的职业。我最近发现,它其实和第一古老*那个有很多相似之处。

(*"第一古老"职业指卖淫。)

第一,不要道歉,比如对观众说,"这稿子是我匆忙赶出来的",或者"这笑话可能不是很好笑,但是……",等等,这会让观众提前失去兴趣;第二,不要解释,比如说,"刚才那个笑话其实是说……"如果一个笑话需要解释,就干脆不要用;第三,避免拗口的单词,有些单词在纸面上看起来有趣,口头表达却不是这么回事,把它们从你的讲稿中删掉。

在你援引其他幽默作家的笑料时,要向观众说清楚。这不仅是出于礼节,还表明你有充分准备而且总是向大师借鉴。也不要担心某个笑话你从前已经说过了,任何笑话都不可能让100%的观众满意。幽默作家罗伯特·奥本说过,唯一过时的笑话,就是你出场前那个演讲者说过的笑话。

有一天我去法庭听审,庭上审的是一个打劫仓库未遂的家伙,他逃跑时汽车熄火被警察逮住了。坐在我旁边的是一个小老太太,她一边抹眼泪一边反复说:"他总是不听,他总是不听。"

同是为人父母,我感同身受,于是安慰她。她转过脸来说:"如果他听他妈妈的话怎么会落得这下场,我求他多少遍了,我劝他多少遍了,'开车要看盲点,彻底检修车子'。"

问答时间

如何使你的幽默本土化?

所谓本土化,就是为特定观众群量身打造笑料。对于经常到处巡演的幽默家或宴会演讲常客来说,这是一项重要的技巧。这让观众觉得受到重视。鲍勃·霍普对"内部笑话"尤其在行。他每到一个地方演出前,总会提前几天派一名写手到当地搜集材料,针对当地人、地名和争议性事件写一大堆开场白。

你可以参考以下讽刺酒店的例子:

一名×××（当地一家豪华酒店的名字）的客人打电话要求客房服务，"我要三个煮过头、硬得跟石头一样的水煮蛋，几片烤得焦黑一碰就粉碎的吐司，还有一杯喝起来跟泥浆一样的黑咖啡。"

"对不起，先生，我们没有这样的早点。"

"没有？你们昨天明明就有！"

这一招还可以用在有关航空公司的笑话里：

一名乘客对×××（一家航空公司的名字）的票务员说："把我第一件行李运到纽约，第二件运到堪萨斯城，第三件用国外航班运到加尔各答。"

"我们不能这么做。"

"是吗，你们上次明明就做到了。"

你大可备着一批这样的笑话，每到一个地方就换一个名称。

让演讲更自然

无论你是要自己发表演讲还是为他人撰稿，为了让演讲更自然、流畅，你得记住以下几点：

你必须相信讲稿内容的重要性，如果你都不在乎自己说的东西，观众为什么在乎？放慢速度，但不要太慢，适时暂停一下，不要让你的演讲听起来像在走过场。

多用自贬式笑话。观众喜欢这样的幽默，因为不管演讲者身份、年龄、地位如何，也只是一名普通人。要知道，当对方说你有幽默感时，也就是说他能理解你说的话或与你有同感。

多说些个人趣闻而不仅仅是一句话笑话，因为这能让你在其中加入个人情感，使演讲更为亲切。

表达幽默内容时，不要借助多媒体软件如幻灯片等，即便要用，也得确保关键句用口头表达，这样一来，观众反应才是自发性而不是机械式的。

表演时间

关于针对不同的观众要说不同的笑话，你也许已经听得太多了，没准儿自信自己已经掌握了。好吧，下面来考考你，这则幽默最适合什么观众？

一名律师死后升上天堂。"你们一定是搞错了，"律师说，"我太年轻了，根本不该死。我才55岁。"

"不，"圣彼得说，"根据我们的计算，你已经82岁了。"

"这不可能，"律师反驳道，"你是怎么算出来的？"

"白纸黑字写着，"圣彼得说，"我们把你工时表上的时间加起来了。"

以下有四个观众群：1. 消费者；2. 律师；3. 公司总裁；4. 宗教领袖。你认为这笑话最适合说给谁听？

律师听了会很生气，因为这笑话在讽刺他们；普通消费者搞不清楚工时表对律师有什么用；类似的笑话宗教领袖已经听过几百遍了。正确的答案是公司总裁，他们总是怀疑律师虚报工时乱收费，对于这则充满敌意的笑话，他们当然受用。

让观众听得舒坦

演说里的幽默内容必须让观众听得舒心。专栏作家埃德·赫瑟说，观众希望每位演讲者都能成功。他们花钱听你演讲，当然希望乘兴而来，尽兴而回。如果你的演讲充满激情，他们自然乐意捧场。但有几点得警告你：

E. B. 怀特曾经写道：在上面贴上"有趣"的标签，并不能让事物变得真正有趣。因此，不要推销你的幽默，比如："嘿，大家听好了，下面这笑话很好笑！"观众会心想："你只管说就好，好不好笑我们决定。"

无论你的笑话多受欢迎，台下也难免有人捣乱，比如，当你说到"接下来我得长话短说"时，台下没准儿有人会说："太晚了。"你回答道："我才刚开始呢！"对方又会说："那你该结束了。"

表演场地不时会出现硬件问题，所以你得随时有心理准备如何应对，不要让捣乱的人有机可乘。比如，有时麦克风出毛病了，你问台下的人："后面能听见我说的话吗？"有观众说："听不见！"这时有人会站起来嚷嚷道："我能听见，我很乐意跟你换位置。"

如果现场有问答环节，不要回答那些故意抬杠的问题，首先，你会使对方受到关注，正中他们的下怀。更重要的是，你回答了一个问题，对方会抛出更多问题，他们存心捣乱多半是有备而来的，因此最好的应付方法就是敷衍了事。

作家费雷德·埃贝尔说，如果你面对的观众人数比较少，比如10人或20人，很难发挥一个笑话应有的效果，因为每个人笑的时候都会有所顾忌，担心自己笑得太明显。作为演讲者，你一开始便应该迅速在观众中定位笑得最厉害的人，时不时给他个眼神，甚至冲他眨两下眼睛。他的笑声也许会成为催化剂，引发全场大笑。如果是面对某家公司或某个团体的演讲，你应该适当地"讨好"他们的领导人，因为一旦你把头头儿逗乐了，大伙儿都会得了圣旨似的大笑开来。

 我说说我是怎么选上这职位的。我和这位子的前任在一个农庄节竞选。我的对手正要上台演讲，天上下起了大雨，几乎所有人都跑到树底下避雨，但是他仍留在原地，对着几个忠实的支持者滔滔不绝地说。那天演讲结束后，一位农夫走到我身边说："你证明了你是最聪明的候选人。我们当中没有人会给一个连下雨都不知道要躲的傻蛋投票。"

问答问题

如何避免演讲让人犯困？

当你在撰写演讲词时，你得知道是什么导致一个沉闷的演讲，才能尽量避免。

1. 对现场情况预计不足。要决定演讲的风格、口吻、内容以及加入什么笑料，你首先得掌握以下信息：

- 这是什么场合（是团体集会、学术讨论会，还是公司会议）？
- 演讲的目的是什么（要娱乐、教育，还是说服对方）？
- 观众是什么人（包括人数、组成、身份背景以及他们对你有何期待）？

如果你是为他人撰稿，你还得问清楚对方的职业背景、个人经历和演讲习惯等。

2. 沉闷的开场。在一开始的几分钟里，观众的注意力是最集中的，他们往往会根据你这几分钟的表现得出评价。如果你这段时间没能提起他们的兴趣，这场演讲就失败了一半。

3. 信息过载。演讲的最理想长度是20分钟，很多人会要求45分钟甚至60分钟，然而漫长的演讲充斥着过多细节，不久就会变得单调、乏味、沉闷。正如托马斯·杰斐逊所说："用时间衡量的演讲，最终会随时间消逝。"幽默的个人趣闻，贴切的比喻，诙谐的段子和笑话，能使演讲更流畅且始终充满新鲜感。你还应该尽量使演讲简单、易懂，把重心放在几个主要观点上，在诠释关键性的概念时，不妨适当重复以加强语气，从而使演讲高低起伏，不致流于平淡。

4. 听起来太像一个演讲。演讲用的语言不同于其他媒介，应该用准确、清楚、易懂的口语表述，如果一个句子多于28个字，就应该把它缩短。

结束语

很多演讲者只知道何时起身说话，但不知道何时闭嘴坐下。好的演讲不仅有一个引人入胜的开头，也应该有一个恰如其分的结尾。

😀 我上次演讲时,看到观众当中有个坐轮椅的老人家。下台后,我走到他身边感谢他来听我演讲。我说:"我希望你很快会好起来。"他说:"我希望你的演讲也一样。"

如果你可以选择的话,千万别当所谓的"压轴"演讲者,如果无可避免,你的演讲应该尽量简短,结束语可以参考以下这句话:

😀 我的任务是演讲,你们的任务是听,我很高兴我们能在同一时间完成任务。

结束前一定要感谢观众,没有更好的退场方案。

😀 如果我的演讲曾经提起你们的兴趣,现在是时候结束了;如果这演讲糟糕得很,现在就更应该结束了。谢谢各位。

进入结束语前要说"最后……"提示观众。这是他们最喜欢听的一句话。

😀 最后,我得说这是一项艰难的任务。今晚的食物很美味,酒很醇正,你们是一群慷慨的观众。我感觉自己就像教堂里的布道者,注意到前排坐着一个小男孩,他爸爸在旁边打起了盹儿。
我对小男孩说:"比利,把你爸爸叫醒。"
小男孩不乐意了,说:"要叫你自己叫,是你让他睡着的。"

第十二章 撰写幽默讲辞 183

推销员对产品进行一番吹嘘后总是让客户下单,对演讲者来说这也不失为一个好主意。在结束语中告诉观众你想让他们怎么做:购买某个产品,为某个慈善机构捐款,为某个政客投票,等等。

 小男孩对家里人宣布:我要开始祈祷了,你们有什么想要的吗?

表演时间

根据你在这一章学到的技巧,撰写一段五分钟的讲词:要有一个幽默的开头,内容只包含三个观点,最后来个幽默的结尾。

帮客户准备演讲

不论在政坛、商界、出版业,还是娱乐圈,幽默撰稿人奇缺,各行各业的需求量如此之大,根本没有足够资格的写手能满足市场需求。背后有个好的撰稿人,已经成为富商巨贾、名流高官身份的象征。因此,一个专业商业演讲撰稿人的薪水高得让人咋舌。

撰稿人事前要和演讲者有直接交流,不能透过第三方交换意见,这点很重要。写作和构思密不可分,撰稿人必须了解客户的处世哲学,才能在讲稿中准确无误地传达出他的观点。

😎 我让秘书给我找几句符合今天演讲主题并内含有益忠告的名人名言。她回来后递给我一张备忘录:"亲爱的老板:我唯一能找到的名言全部出自苏格拉底,他当年到处给人提建议,但我得提醒你,人们最后把他毒死了。"

好的撰稿人耳朵都很尖。同样的文字,耳朵听起来和眼睛看起来并不一样。对书面幽默进行改写,使之符合口语习惯很重要。埃德·麦克马洪说:"用你的嘴巴写演讲词。"因此你得帮助客户进行练习,因为只有你知道这份讲稿听起来应该是什么样的。

演讲前,演讲者应该把讲稿从头到尾练习至少两遍,第二遍要录下来反复听。很多人以为,上台前练习一遍已经绰绰有余,然而要在台上表现得轻松自如,掌握节奏是关键。一旦你内心发怵,乱了节奏,再幽默的讲词说出来也不是那么回事了。最专业的幽默表演应该是不露痕迹的。

 没人意识到,我连着一个月每天练习 18 小时,就是为了让上镜的 1 小时轻松得像从未排练过似的。

——吉米·杜兰特

不管人们是否承认,演讲属于娱乐行当。坐在餐桌首席和站在舞台上没有区别。当台下的观众上下眼皮打架,和邻座窃窃私语,甚至开始恶搞你的演讲词时,他们以为没人留意,但其实这些都是评估演讲效果的指标。

作为撰稿人,你必须有很好的心理素质,因为你呕心沥血写成的得意之作,也许会被一个半吊子演讲者糟蹋。你得让客户知道，当笑话说到一半卡壳时，不要勉强说完它。如果一个笑话出于种种原因不幸夭折，你要么选择轻松带过，要么备好自我解嘲的台词，关键时候抛出救场。比如：

 现在你知道我老婆为啥总说我："你一舌头打结的人还好意思演讲，没羞没臊的。"

我老公说我总是有办法长话短说，因为我老是忘了下半段。

如果演讲是一部电影，撰稿人不仅负责写剧本，还得身兼多职，比如充当导演、场记和发行人。以下是一些实用贴士：

上台前的准备

演讲开始前通常有几分钟准备时间。你要检查麦克风、讲台高度、舞台灯光、音响设置，等等。与此同时，你的客户应该到台下和观众握手，如果对方胸前别着名牌，则用名字称呼他们，但不要在一个位置停留太久。这样做的目的是和对方交朋友，因为听一个朋友说笑话时你更容易笑出来。

 剧评家约翰·梅森·布朗也是一位著名演讲家，尤其擅长在妇女俱乐部演讲。有一次当他上台前和观众握手时，一名头发灰白、拄着拐杖的瘦小女士上前对他说："我很期待听到你的演讲，先生，因为我听说你特别喜欢老年女性。"布朗听罢立刻回答道："当然，但我也喜欢你这年纪的女士。"

观众越多越欢乐

笑声具有感染力。每个人大笑时,都希望旁边的人和自己一起笑,如此一来,即便这笑话不大文雅,甚至是禁忌话题,你也不必顾忌。注意不要选择太大的场地,同样数量的观众,50 个人站着比 50 个座位空着好,而且空间越小,笑声的回响效果越佳。

我们一个人时,很少会笑出声来。为了鼓励家中的观众放声大笑,电视制作人想到了加入笑声音轨这一招。即便是《陆军野战医院》($M*A*S*H*$)这样发生在战地手术室的情景喜剧,背景笑声也能带给观众更佳的观影感受,因为它让观众感觉好像得到了笑的许可。

大家能听到我说话吗?

即便有扬声系统,演讲所用的声量也应该比平时说话的大。在较好的情况下,你要盖过现场人们走动、窃窃私语的声音,纸张窸窣作响还有盘子叮当磕碰的声音;在更糟的情况下,你还得盖过台下抢在你前面说出关键句的好事者。尽量避免在室外演讲,空旷的场地会使笑声显得寥落。

政治演讲词

不管是美国总统,还是你所在城市的市长,都免不了定期发表一番演说。他们的观众从其他政府工作人员到社会组织成员,到普通选民,共同点就是大伙儿都讨厌听演讲。因此政客们都在苦苦寻觅出色的撰稿人,让他们的演讲变得没那么讨厌。虽然很难打进这个圈子,但政治撰稿人的确是一个非常有利可图的行当。

今天的公众人物都不会自己写演讲稿或出书了,甚至有证据表明,他们连看都不会。

——戈尔·维达尔

在狗咬狗的政治世界里,每到选举前几个月,候选人就会通过演说攻击对手。英国政治家安奈林·比万曾经说过,政治就是一场血腥的比赛。

自富兰克林·罗斯福以来,在每一位美国总统的撰稿人团队里,都少不了一位专门的幽默写手。他们的幽默只有两个目的——摧毁竞选对手或使演讲者更具人性化,尤其擅长通过自我贬抑式幽默达到这一目的。前总统小布什之所以能在2004年大选中连任,很大程度上要归功于这样的笑话。(他的竞争对手说,这是因为他这样的笑料实在太多了。)利用笑话,你可以批判对手是懦夫、蠢材、傀儡、骗子或危险分子,而不致招来选民的反感。很多年以前,政治笑话虽然尖酸刻薄,但大多言辞温和,今天则是又尖酸又激烈。

马克·卡茨是前总统克林顿的御用幽默写手。每年都有那么几回,卡茨要为克林顿准备不同非官方场合的幽默演说,比如白宫通讯员晚餐会。来自这些场合的珍闻趣谈,往往会充斥第二天的报纸专栏。

幽默也许只构成演讲的一小部分,但到头来可能给人留下最深刻印象。富兰克林·罗斯福描述他的对手汤姆·杜威:看起来"就像婚礼蛋糕上的小人",结果杜威在选举中大败。克林顿和老布什竞选时,前得克萨斯州州长安·理查兹说老布什"生来嘴巴里就有一只镀银的臭脚"(指一个人关不住自己的嘴巴)。理查德这番评论就像打开了一道幽默的闸门,从此老布什给人的印象便是一个态度摇摆不定、空有花言巧语的人，最终在选举中落败。又如约翰·F. 肯尼迪如此嘲笑理查德·尼克松的脸部化妆——"尼克松就像收了'舒适'除毛刀200万美元去给吉列刮胡刀做广告"。

前总统罗纳德·里根无可争议地是这方面的专家。比如以下三段式幽默：

 经济衰退是你邻居失业的时候，经济萧条是你失业的时候，经济复苏就是卡特下台的时候。

1984年里根竞选连任，他的幽默完全盖过了对手沃尔特·蒙代尔对他最有力的攻击。当时里根已是72岁高龄，所有人都料到蒙代尔会在竞选中提出这个问题。他的确这么做了，但里根对此的绝妙回应，后来载入了美国的教科书，不仅降低了年龄问题对他的影响，连蒙代尔当时听了也忍俊不禁。

 我不会让年龄问题成为一个竞选话题。我不会出于政治目的，过分强调竞争对手的年少无知和缺乏经验。

《新闻周刊》（*Newsweek*）说，正是里根的笑话帮他赢得了选举。

接着我们来看看，以下一则运用对应结构的政治幽默是怎么写出来的。阿德莱·史蒂文森1956年竞选总统时，对手抨击他有同性恋倾向。如果公众相信的话，史蒂文森就输定了。他当时的选择不多：要么公开否认，这只能为对方提供更多攻击的机会；控告对方诬蔑，但走法律程序拖的时间太长。于是共和党决定用幽默作为还击，他们的写手开始构思一个笑话，好让史蒂文森在下次演讲时用。他们要传达的中心思想是让艾森豪威尔或者他的竞选阵营停止撒谎。笑话的第一稿是这样的：

 艾森豪威尔一定很担心，因为当我开始说他的故事时，他便开始说关于我的谎话。

这句话的意思有了，但结尾一句话不够让人印象深刻。于是他们又改了好几稿，写出了一句前后对应且铿锵有力的台词，至今仍被认为是史蒂文森的最佳演讲台词之一。

 艾森豪威尔总统和我达成了一个协议。只要他停止说关于我的谎话，我就停止说关于他的真话。

如果没有专门的训练和相关经验，要进入政治演讲撰稿人这个圈子难度很大。虽然酬劳不菲，但多数时候只是一份临时工，除非他们的候选人在选举中胜出。然而即使他们被聘任了，某个笑话的原作者身份，和中情局的行动一样都是高度机密。只有政治家本人知道是谁让他们的演讲变得趣味横生，公众和媒体永远被蒙在鼓里。只有极少数幽默作家在离开政坛后能取得成功，包括罗伯特·奥本、阿尔·弗兰肯，还有佩吉·努南。努南曾经开玩笑道："为罗纳德·里根的头脑战斗就像一战时打堑壕战，打这么多场仗只为如此贫瘠的领土。"

利用互联网散播政治幽默，效果比过去好一百倍。因为互联网不受广播或出版部门审查，这些笑话可以通过数以百计的独立网站，被成千上万的人看到。然而，由于政治幽默极具偏向性，政治分析家大卫·克罗斯认为，相比吸引摇摆不定的选民，政治幽默更多是坚定某一选民原本的信念。"我多数时候只是在向唱诗班布道，但至少他们会笑。"

想进入这一行的人，不妨先给本地的候选人撰稿。他们到处发表演讲，好的台词经常会被地方媒体引用。向他们提供你为他们量身打造的台词，有些没准儿会在全国性媒体上转载。

如何成为专业撰稿人

为公众人物当幕后写手，每份讲稿的酬劳从500美元起价，这无疑是个诱人的行当。加上市面上撰稿人供不应求，有些人的酬劳甚至达到每页上千美元。

在踏入这一行以前，你应该先做好市场研究，看哪些市场具有更多就业机会和发展潜力。相关的专业组织包括国家演讲者协会（www.nsaspeaker.org）、国际祝酒词大师（www.toastmasters.org），还有行政演讲者公司（www.executive-speaker.com）。

在做市场定位时，最重要的因素是演讲题目。那些演讲机构的经纪人总是在寻找富含信息、兼具启发性和娱乐性的演讲。

如果不想为他人做嫁衣而是亲自上场，你应该先在社区团体或本地组织免费演讲。当你积累一定经验后，联系本地的演讲组织，要求把你放到他们的名单上。这些机构会帮你进行市场定位并预定演讲。每个机构对名下的演讲者有不同的指导，抽取的佣金也各不相同（通常是25%至35%）。大部分机构都会要求你提供一份你的演讲视频。

第十三章
舞台上的幽默

 他生来便有让人发笑的天赋,而且他认定这世界全是疯子。

——拉菲尔·萨巴蒂尼

脱口秀和小品表演近年来大规模复兴,电视上的搞笑模仿秀收视率居高不下,喜剧真人秀比赛也是大受欢迎,就连一向由帅哥美女把持的大屏幕也是笑声当道。

现场喜剧热潮突然回归,导致专业写手的数量严重缺乏。干这一行的难度在于保持观众的关注度。"修电线的拉里"是电影《蓝领阶级》(*Blue Collar*)的主角之一,说到观众兴趣转移之快,他有如下点评:"就这么砰砰两下,不到两分钟冒出30个笑话。拿情景喜剧来说,如果打开电视三四分钟,观众还没笑出来,他老早就换台了。"

正因为观众如此难以被取悦且喜新厌旧,不仅底层的喜剧演员、作家在挣扎求存,就连处在一线的大腕们也要随时担心饭碗不保。

 虽然目前我的节目收视率不错,但我有别的恐惧。就像有个未知的可怕力量逼着我前进。你不希望自己处于一个你无法维持的位置,就像有人在不断警告你,你必须做得更好,而且不断提高,否则收视率会下降,而你则会像一具残破不堪的人类躯壳那样遭到遗弃——就像我现在这样。

——大卫·莱特曼

在如今这一大环境下,幽默作家能不断得到很多黄金机会。因为,除了一滴落在灼热平底锅上的水珠,没什么比一则笑话的价值蒸发得更快。如果你能写得又快又好,在可预见的将来,这绝对是一个有利可图的卖家市场。

很多喜剧著作,比如朱迪·卡特的《喜剧的艺术》(The Comedy Bible)以及杰伊·桑基的《脱口秀中的禅境与艺术》(Zen and the Art of Stand-Up Comedy)都认为,脱口秀和小品喜剧是一门艺术,但它也是一门能通过学习获得的技术。既然这是一门"技术活",首先要打磨的就是你角色的个性。

脱口秀的本质没有变,它仍是潦倒酗酒者最后的避难所。

——鲍勃·奥登科克

维持角色个性的连贯性

在你动手创作之前,你不仅要了解你的观众,还要了解你笔下角色的个性。你不能把幽默摊派到某个角色头上,而是要由这个角色诠释你的幽默。记住,这点很重要。每个成功的表演者都有其独特且鲜明的个性,幽默不是为表演者而写,而是为他的个性量身打造。

你的舞台个性是一管神奇的黏合剂。它让你所有笑话变得有意义，予以它们发挥的舞台以及可供映射的现实。如果说你的喜剧材料是"什么"，你如何诠释就是"怎么"，时间拿捏是"何时"，你的角色个性就是"谁"。

——杰伊·桑基

    成功的角色需要招牌式的个性，它必须符合观众期待且长期维持不变。如果一个表演者没有突出的风格，剧作家就有责任为他/她创造一个，否则演员只能沦为笑话的朗诵者，或充当一段无关重要历史的见证人。一旦你赋予这个角色独特的个性，即便演员在舞台上偶尔犯错，也能赢得笑声和掌声，因为这正是角色性格的一部分。

    让一个知名的表演者拥有两套不同的个性，这种做法不仅罕见而且很危险，因为那些在观众心目中已形成既定印象的角色让人更易于接受。而且维持角色固有的一套性格，在创作上也来得更简单。

    保持既定的角色性格就是为了迎合观众的惯性思维，如果表演中途角色的态度来个180度大转弯，会使观众糊涂且不适应。而且很少有喜剧家在电影或舞台上的角色与本人性格截然相反。那些最为成功的喜剧家，无论台前幕后，无论出演任何作品，他们的个性始终如一，比如伍迪·艾伦、比利·克里斯托，还有史蒂夫·马丁等。

    知名演员试图改变戏路时往往以失败告终，因为看惯你的观众不接受你的新形象。当然也有例外，罗宾·威廉姆斯便成功从谐星转型为严肃演员。

观众可不是好对付的,当你对演出过分担忧或者怀疑自己能否赢得笑声时,伙计,台下那帮人会把你生吞活剥了。他们能感觉到你的恐惧,正如你在野外遇上一只庞然大物两腿瑟瑟发抖时一样。在这两种情况下,你都死定了。

——理查德·普莱尔

专业写手之所以被称为专业,因为他们的作品既有质量保证,又能针对明确目标。一旦演员告诉你"我不演这样的戏份"时,对你的打击是致命的,因为这表明你根本不了解市场需要和客户需求。你不仅浪费自己的时间,还浪费演员的时间。如果你三番几次收到这样的拒绝,你就该考虑转行了。

因此专业写手在为一个表演者撰写脚本时,都会进行认真详细的研究。比如阅读他出版过的作品,观看他其他现场演出和影像资料。这些研究有助你把握演员的风格、节奏,还有他偏爱的素材,等等。因此,专业幽默作家很少同时为两位演员写脚本,即便两人的风格极其相似。

几乎所有笑话都被人说过了,你只能利用表演者的外形、动作,还有口头禅博取笑声。每个作家脑子里都有一种声音,时不时对他说"这么写不妥",或者"嘿,这就对了"。

——埃里克·艾伦

表演时间

在观看你最喜爱的喜剧演员演出时,留意他的角色个性(包括风格、态度、仪容等),还有他的惯用方式(包括题目、语调、口头禅和表演形式等),并用一句话归纳他的以上特点。

问答时间

我怎么知道自己是否有趣?

尝试现场演绎你自己的创作,但注意要选对观众。这是喜剧新手最常犯的致命错误。

在前面说过的 M.A.P 理论里,观众是最核心的元素,因为针对特定观众进行表演或创作至关重要。对喜剧家来说,选对观众就和选对配偶一样重要。比如,大卫·莱特曼以男性为主的观众群就和艾伦·德杰尼勒斯的女粉丝的口味截然相反,又如,杰夫·福克斯沃西的红脖子观众和丽塔·拉德纳成熟理智的观众也迥然相异。当年大卫·莱特曼和克里斯·洛克主持奥斯卡颁奖礼时,都拿出了他们最好的笑话想一试学院派的水深,结果都以落水告终。

如果在试演时,某个笑话引起观众哪怕只是 2 秒钟的笑声,就证明它有存在的价值,你应该对它进行加工,使笑声变为4秒钟、8秒钟,甚至更长。

杰伊·莱诺的《今夜秀》每晚都有一段5分钟的独白。他的创作团队由12名写手组成,他们每天为莱诺提供长达20分钟的笑料,在节目开播前一天晚上,莱诺便到橘郡的一家喜剧俱乐部试演,并根据现场观众的反应,抛弃其中75%不够好笑的内容,只留下5分钟反响最好的第二天带给全国观众。即便你身处一流的创作团队,你的作品也难免遭到回绝、抛弃。要想跻身专业行列,你最好习惯这一点。

喜剧的面具

戏剧起源于希腊,最早由一名演员戴上不同的面具分饰多个角色。在幽默世界里,也有很多不同的角色面具,但每个喜剧演员只能选择其中一副。你的面具可以是学者、傻子、雅皮士、瘾君子、性变态、吹牛大王、吝啬鬼、醉鬼、懦夫,等等。

喜剧作家说有趣的话,喜剧演员把话说得有趣。今晚我要证明我两样都能做到!

——迈克尔·戴维斯

每副面具都有很多不同的变体,而且不同面具的特点又有所重叠。在多数情况下,角色的个性应符合表演者本身的特点,包括外貌、表达技巧,还有个人才华等。这听起来也许有点儿矛盾:你的角色性格不必完美,但你必须为他/她创造完美的舞台个性。

关于幽默面具如何细分,尽管不同的幽默家有不同的分法,但多数人都同意把它们大致分为 20 个类目：

1. 脱口秀表演者
2. 挑衅者
3. 可怜虫
4. 瘾君子
5. 聪明人
6. 政治讽刺家
7. 讲故事的人
8. 乡下人
9. 阅历丰富的人
10. 老顽固
11. 移民
12. 搭档
13. 小品表演者
14. 口技表演者
15. 模仿者
16. 小丑
17. 艺术家、音乐家和漫画家
18. 杂耍演员
19. 即兴表演者
20. 搞怪表演者

观众的喜好在不断变化，有些角色可能从舞台上消失。举个例子，今天已鲜能看到喜剧组合的演出，除了佩恩与特勒，但他们主要是魔术师。有些流行一时的喜剧面具如今也很少出现，比如杂耍演员、老顽固，以及口技表演者，没人能解释为什么，也没人能预测它们能否再度流行。

随着时间的推移,喜剧的流行风格和观众的喜好在不断变化,但有些最根本的东西却历久弥新——艾伦·德杰尼勒斯式的笑话,其实和几十年前杰克·本尼的独白套路差不多。在如今大部分喜剧表演者身上,你都能找到老一辈笑星们的影子和烙印。

以下是七个时下喜剧最常见的角色:

脱口秀演员

目前最流行的喜剧角色莫过于脱口秀演员。他们的表演材料大多由一系列一句话笑话和短评组合而成。成千上万的喜剧家都能归入此类,比如克里斯·洛克、劳拉·奈特林格和旺达·塞克丝等。

> 我为什么说这世界已经疯了?最好的饶舌歌手是白人,最好的高尔夫球员是黑人,NBA 最高的家伙是中国人,瑞士人捧走了美国的奖杯,法国批评美国妄自尊大,德国人不肯去打仗,而且美国最有权有势的三个人分别叫"布什(树丛)""迪克(阴茎)"和"科林(鹌鹑)"。
>
> ——克里斯·洛克

> 我讨厌别人说:"为什么我只能当伴娘,永远当不了新娘?"我喜欢换一种角度思考:"我只是送葬的,而不是躺棺材里的。"
>
> ——劳拉·奈特林格

他们说婚姻是一纸合同。不,才不是呢,合同有退货保证,一旦东西出了问题,你能把它送回厂家返修。但如果你老公出了问题,你没法把他领回老家并告诉他妈妈:"我不知道怎么回事,他突然就不爱动弹了,只管躺在地上发出奇怪的响声。"

——旺达·塞克丝

现在脱口秀演员的风格和过去很不一样,老式的表演方法是一句接一句地抛出一长串一句式的笑话,但如今人们更多地把重点放在点评时事和人们的日常生活上。

 记得那盒白色粉笔吗?白人小孩说:"我要用它们画爸爸和妈妈。"黑人小孩说:"我不认识任何人是这颜色的。""别扔了,我可以用它们来画警察。"

——D. L. 休利

成功的脱口秀演员,其表演风格、素材和态度始终与角色的性格相吻合。例如,受琼·里弗斯大胆风格的影响,专演暴躁主妇的罗西妮·巴尔,还有丽塔·拉德纳和温迪·利布曼都成了妇女解放的标志性人物。

 我妈妈常说不要为了钱结婚,而要为了钱离婚。

——温迪·利布曼

可怜虫

可怜虫这一形象是喜剧里的常客。此类角色的特点是缺乏安全感,羞涩腼腆,胆小怕事,总是在寻求别人的认可,对两性关系感到困惑,总是没法得到约会机会或维持一段关系。罗德尼·丹泽菲尔德便演了几十年这样的角色。

😎 我去看我的心理医生。我说:"医生,我有种可怕的感觉,总是觉得别人想占我便宜。"

他说:"放松,每个人都觉得别人想占自己便宜。"

"天啊,谢谢你,医生,我该付你多少钱?"

"你身上有多少钱?"

观众们总是乐意嘲笑别人的窘境。作为新手,可怜虫的角色最有可能为你引来最初的笑声。成功的秘诀在于,你首先得让观众喜欢你,否则,他们不会因为同情你而发出善意的笑声,只会冷笑你活该。因此,对这类角色来说,开场头一个笑话至关重要,因为它很大程度定义了角色的性格。

 我在和一个女孩约会,但显然她并不知情。

——盖瑞·山德林

我停止了心理治疗,因为我的医生总想背着我来帮我。

——理查德·刘易斯

我的视力是如此糟糕,我可以和任何人约会。

——盖瑞·山德林

可怜虫角色有各种不同的版本,威尔·法瑞尔和本·斯蒂勒的电影在票房上大卖,正是凭他们招人怜爱的可怜虫形象。剧作家兼演员拉里·戴维笔下最成功的两个可怜虫角色,便是他在《抑制热情》(*Curb Your Enthusiasm*)中饰演的自己,以及《宋飞正传》中的乔治。以下是乔治·科斯坦萨的经典台词:

我是科斯坦萨,白痴之王。

我是个出色的懦夫,这点我比很多人都强,我生来便是为了放弃。

我不想把笔带在身上,因为我怕戳到自己的蛋蛋。

瘾君子

美国在20世纪20年代实施禁酒令,但酒鬼却成为夜间俱乐部、电影、学校戏剧俱乐部最流行的角色。最早是W. C. 菲尔兹开的先河,接下来乔·E. 刘易斯、罗伯特·本奇利、迪恩·马丁等人也开始拿着酒瓶子上台,或干脆向台下观众借一瓶。

 你不该觊觎邻居的房子,除非他们的酒柜摆满酒。

——W. C. 菲尔兹

到了后期,喜剧对酒鬼的偏爱开始向嗑药成瘾的人转移。当瘾君子形象在舞台上掀起潮流时,其反传统、非主流的特质迅速成为大学生的最爱,但中年人却对此十分不齿。兰尼·布鲁斯是这一题材的大师,罗伯特·克莱因说,每一位当代喜剧家都应该感谢布鲁斯。布鲁斯说,他喜欢用药物、性爱和粪便等题材阐明一套人生哲学。正是对此类"低俗"题材的偏爱,把他与莫特·萨尔等"精英"喜剧家区分开来。

 见鬼,全世界都反对大麻。在英国,门诊病人吸海洛因没问题,但大麻呢?他们会把你扔进监狱里。

这到底是为什么？唯一的解释是：大麻为魔鬼服务，因为它给人带来愉悦！愉悦，在基督教文化里就是个脏词。

——兰尼·布鲁斯

继布鲁斯之后，乔治·卡林是另一位重要的反主流文化喜剧家。"那些对人类感到失望的人正是我的主要观众群。"卡林说。在 20 世纪 60 年代，嗑药和叛逆在他的喜剧里是两大不变的主题，而且他大量运用粗俗词汇以博取观众注意力。尽管他后来弃用瘾君子形象，但仍以叛逆的题材和犀利的词汇抨击社会现状。继承卡林衣钵的喜剧家包括埃莫·菲利普斯、丹尼斯·利瑞等人。

我从前嗑药，现在还在嗑，我只是想告诉你我从前也嗑。

——米奇·赫德伯格

可卡因是上帝在告诉你：你的钱已经多得没处使了。

——罗宾·威廉姆斯

聪明人

在把事业重心转向拍电影之前，伍迪·艾伦是喜剧界最成功的聪明人。他充当这一角色的代言人长达 20 年。他的幽默感来自外表与内在的巨大反差：尽管长得獐头鼠目、面容猥琐，但他演的角色要么床上功夫了得，要么气场强大，同伴们都唯他马首是瞻。

我把我的性经验告诉"帕克兄弟*"，他们把它改编成了游戏。

——伍迪·艾伦

（*"帕克兄弟"是一家玩具和桌面游戏制造商。）

史蒂文·赖特是受艾伦影响最深的脱口秀演员之一。他擅长用看似合理的解释歪曲人们习以为常的逻辑。他在台上的打扮永远不变：牛仔裤、衬衣、衣袖卷起、网球鞋、蓬松的发型，还有一张耷拉着永远不会笑的脸，一副标准流浪汉的模样。

我从没见过电，因此拒绝为它付钱。我在每月的电费单上写着："抱歉，我一整月都没看到这玩意儿。"

近年喜剧界最有名的聪明人莫过丹尼斯·米勒和刘易斯·布莱克。他们的角色通常表现得很酷，总是以挖苦别人为乐，藐视权威和公众人物，对社会潮流和政治趋势不吝批判之词。

极端右翼分子对同性恋是如此恐惧，他们甚至把全球暖化归咎于艾滋病拼布*。

——丹尼斯·米勒

（*"艾滋病拼布"是指一种为纪念因艾滋病而失去生命的人的艺术品。）

天啊，这玩意儿（太阳能汽车）长得太丑了，它们不是用太阳能而是用耻辱驱动的吧。

——刘易斯·布莱克

如果新泽西政府真这么缺钱,就该提高美甲业的销售税,保管赚死他们。

——刘易斯·布莱克

政治讽刺家

政治讽刺节目的生命就和一只苍蝇一样短暂。莫特·萨尔上台时总拿着一份卷起来的报纸,就像随时准备打苍蝇。这类节目只反映最具时效性、话题性的内容。同样的题材,下一周再说可能已经过时了。套用那句著名的哲学悖论:在政治讽刺节目里,唯一不变的只有变化本身。

自由党总是不满他们拥有的东西,保守党总是觉得偷来的东西都是他们应得的。

——莫特·萨尔

这类节目的打击面很广,除了政界话题还针对社会时事,如果台下观众人数很多而且掺杂着各色人等,你的处境就危险了。威尔·罗杰斯说过,如果他这天晚上能把一半的观众逗乐,成绩就算很不错了。在有线电视兴起前,马克·拉塞尔是最著名的政治讽刺家。

共和党提出了新的医疗保健方案,那就是:向疾病说不!

——马克·拉塞尔

比尔·马赫的《彪马实时秀》(*Real Time With Bill Maher*)和乔恩·斯图尔特的《司徒囧每日秀》(*The Daily Show With Jon*

Stewart)是如今最受欢迎的政治讽刺节目,他们利用有线电视这个不受审查的平台,嬉笑怒骂,针砭时弊之余又叫人捧腹不已。

《自由大宪章》(*Magna Carta*)*门立于1215年,是法律唯一要求你知道的东西。

(*《自由大宪章》是英国1215年颁布的宪法。)

最高法院的法官避免与下级法院的法官发生肢体冲突,以捍卫自身权威,这和银背大猩猩没什么两样。

96%的国会议员都能成功连任,另外那4%一定糟糕透顶。

相比之下,用文字作为表达工具的政治讽刺作家,如阿特·包可华,拉塞尔·贝克,还有埃伦·古德曼等人,日子要好过得多。一旦观众开始推敲你的笑话而不是不假思索地哈哈大笑,这笑话就失败了。因为舞台上容不得哪怕是短暂的沉默。

能不能找个人告诉乔治·沃克·布什先生,他不是司法部的总司令?不管他穿起飞行服来有多"火辣",穿法官袍需要的是冷静。

——埃伦·古德曼

说故事的人

这类角色的代表人物包括比尔·考斯比、加里森·凯勒、理查德·普赖尔、大卫·塞达里斯,他们的台词不是一大堆一句话笑话的大杂烩,而是有一条明显的故事线穿引,当中夹杂大量评论,一个故事可以说上 10 分钟,到最后才揭示他们的观点,目的是引起观众的共鸣或者共同愤慨。这样的故事大多不是新鲜新闻,而是发生在每个人身边的事,例如在家庭、单位的经历,或因为你的社会地位而受到的遭遇。

 对我来说,对着两千人谈论我老婆比一对一容易得多。我是个防卫意识很强的人,因为在我那个居民区,脆弱的心灵会让你成为别人的食物。

——理查德·普赖尔

在广播电视普及以前,这种凡人轶事式的幽默是现场喜剧演出的必备剧目。那个年代有各种各样的笑话比赛、讲故事比赛,甚至吹牛大王比赛,人们的想象力无拘无束,唯一的边界就是你思想的极限。早期的代表人物包括乔治·艾德斯和马克·吐温,接下来又涌现出丹尼·托马斯、巴迪·哈克特,还有阿兰·金等人。

 如果想读有关爱情和婚姻的著作,你得买两本不同的书。

——阿兰·金

在加里森·凯勒著名的电台节目《牧场之家好做伴》(*A Prairie Home Companion*)中,一切都围绕着一个虚构的"乌比冈湖"展开,那里有个"被时间遗忘的小镇",形形色色的当地传说和离奇故事构成了节目的唯一主题。有人说,这是一首写给美国小镇的爱情诗,对那些曾住在哈德逊湾以西(或者希望自己曾住在那里)的美国人来说,那里是他们共同的故乡。每周两小时收听这个节目,仿佛把他们带回了遥远的故乡。观众们喜欢凯勒所建构的神秘的民间幽默,"在那里,所有女人都很强壮,所有男人都很漂亮,所有小孩都比外面的小孩强"。

 在我来的地方,人们信不过只存在于纸面的东西。财富就是你家里有的东西。我打开碗柜,如果里面有30罐番茄酱还有一包五磅的大米,我从中得到的快乐,是看一眼信托基金的季度红利报告无法比拟的。

比尔·考斯比总是用"这帮男孩中的一个"开头,讲述某居民区一帮小男孩的故事(胖乎乎的阿尔伯特、怪里怪气的哈罗德)。他讲故事的方式,就像坐在观众中间和他们拉家常。开头是平常不过的生活小事,随着情节发展越发夸张、搞笑。采用讲故事这种方式的好处是,当你说完一句自以为很好笑的台词,即使台下观众没反应,你也不必感到难堪。

 通过回顾自己的过去,我发现,我从小就开始了自己的职业生涯,巧合的是,我弟弟也是。为了不把所有鸡蛋放在一个篮子里,我妈给我生了一个叫拉塞尔的弟弟。他从小便教会了我什么叫"适者生存"。

——比尔·考斯比

大卫·塞达里斯诙谐、睿智的语言,另类、犀利的观察角度,把讲故事式的幽默带到了一个新的层次。他之所以能取得成功,其中一个原因在于他故事中那些稀奇古怪的个人经历,比如在梅西百货扮演圣诞小精灵以及在父母家里嗑药,等等。

😎 在父母家的地下室住了几个月后,我搬进了州立大学旁的一所公寓,在那里,我发现了冰毒和概念艺术。分开来,它们的危险性不足为惧,但放在一起,它们拥有足以毁灭人类文明社会的力量。

现在采用这种方式的喜剧演员不多了,原因之一是故事的篇幅比较长,要求演员对时间和语言技巧有更精准的把握,这只能通过多年的不断练习获得,而现在的年轻演员大多没有这份耐心和毅力。另一个原因是受到信用卡文化的影响——我们今天的每一分钟都在为昨天的过度消费买单,人们的生活节奏是如此之快,没有时间听你说完一个长长的故事。

乡下人

叼着一根稻草、慵懒地倚在门前、旁边跟着一条猎犬的庄稼汉,是最受乡村观众欢迎的喜剧角色。因为他们总是乐意看到比自己更傻里傻气、土得掉渣的角色。在过去一百年,这类角色的形象几乎没有变过,除了宽边草帽换成了如今流行的货车帽。

 我从不嫉妒别人。即便我爸比我早一年读完五年级我也不嫉妒。

——杰夫·福克斯沃西

美国 70 年代最知名也最恼人的广告形象,要数吉姆·法尼饰演的欧内斯特·P. 沃莱尔。这是一个大嘴巴的红脖子乡巴佬,成天给他从不露面的朋友维恩出主意,但自己干的蠢事能装满一箩筐,例如把自己电得不轻,或者被卡车厢后挡板夹到手,等等，结尾还得意洋洋地来一句："这下你懂我意思了吧，维恩？"看到他遭殃，观众一方面产生报复的快感，另一方面则萌生智力上的优越感。

《蓝领阶级》是乡巴佬电影的典型例子，杰夫·福克斯沃西和他创造的蓝领工人形象也是此类角色的代表。

 德州议会准备通过一项加快处决重刑犯的议案。如果你犯的罪行很严重，而且有三个以上目击证人，你不用等上 15 年而是马上会被处决。当其他州在废弃死刑时，我们却把它开上了快车道。

——朗·怀特

问答时间

如何为自己的角色定位？

最简单的建议就是：做你自己。演绎最接近你本人的角色，才能找到属于你的位置。但在为自己进行角色定位时，不要忽略观众因素——M. A. P 理论里最关键的因素。

一个好的角色，马上会在观众心目中留下固定印象。观众认同或欣赏一个角色，而不是演员本人。如果他们不能立刻辨认出这个角色，也就不会对他/她产生感情，不会为之伤心落泪或哈哈大笑。

还记得幽默的六道标准配方吗？兼用其中的现实和夸张，是发展角色性格的基本方法。成功的角色是表演者本身

> 性格特点的映射，但必须对其进行艺术夸张，因为"正常"的角色并不能引人发笑。
>
> 谁都可以说笑话，但一个具有说服力的角色，能让同样的笑话变得加倍有趣。具有鲜明舞台性格还有另一个好处，这样一来，别人就没法抄袭你的笑话了。

表演时间

找一个你认为适合自己的角色，并进行以下练习：

观看过去同类角色的演出，看不同年代的演员如何诠释它，总结这个角色的性格特点以及这些年来发生了什么转变。

从不同年代的演出中，收集20个关于这类角色的笑话，分析它们的内容和风格，然后进行改写，使它们更符合现在观众的口味。

对两档不同年代的喜剧节目进行比较，包括主要角色的特点、剧本结构以及笑话模式，等等。

读一读艾琳·尼尔森和唐·尼尔森合著的《20世纪美国幽默百科全书》（*Encyclopedia of 20th-Century American Humor*），这可谓是一本喜剧百科全书，对20世纪各个时期的喜剧潮流进行了详尽分析。

最后，永远不要停止创作。

建立一个易于辨认的角色

如果你的角色不能马上被观众辨认出来，表演便失败了——

半。一般来说,如果这是你第一次登场,你根本没有时间建立你的角色,因为头 30 秒钟你就必须让观众笑出来。

演员上台的首要任务就是消除观众戒心。比如,伍迪·艾伦那一脸无辜的表情,埃莫·菲利普斯傻呵呵的冬菇头,杰瑞·刘易斯、平基·李卡通人物似的嗓门,还有保罗·雷宾斯的经典"赫赫曼"造型,都是为了让观众产生优越感从而降低防御性。

人们总是会同情失败者,于是很多表演者一开始便向观众讲述角色的倒霉遭遇。但这么做的危险之处在于,观众很可能会失去对角色的尊重。

一旦找到适合你的角色,就把它坚持下去。在一届旧金山国际脱口秀大赛上,查尔斯·科札特凭借他的黑人士兵角色在第一轮取得最高分。他的对手批评他不会演别的,不服气的科札特在第二轮演了一个完全不一样的角色。不幸的是,他的对手说对了,他失去了之前的锋芒,他的职业生涯也没能起飞。

 喜剧演员就是一群精神病人。大部分人心智极其不成熟,以自我为中心,缺乏安全感。在最成功的那一帮人里头,至少有三个被鉴定出患有情绪不稳型人格障碍。

——史蒂夫·艾伦

在舞台上,你可以利用服装、道具、嗓门或外貌来加强角色性格。

服装

滑稽的着装,是让观众消除戒心的最有效信号。除了表演者的性别，这是观众最先留意到的东西。但近年来这越来越不好说了。

为了显得直冒傻气且不具威胁性，不少脱口秀演员会打扮得不修边幅，邋里邋遢。一条麻袋似的大裤子，至今仍是喜剧演员的标志。

 童子军就是把男孩打扮得像个笨蛋，童子军指导员就是一个笨蛋打扮成一个男孩。

自小丑这一角色出现以来，演员仍保留其传统着装。默剧演员不管出现在舞台还是街头，总是戴着一顶高帽，脸上涂着黑白油彩，把嘴唇抹得鲜红，加上一身柳条上衣和黑色紧身背带裤，确保你在一里地以外就能辨认出他们来。

史上最著名的喜剧造型要数查理·卓别林演绎的流浪汉，他总是唇上留一抹小胡子，头戴一顶圆顶礼帽，身穿一条松松垮垮的裤子，脚蹬大皮鞋，手拄文明棍。卢克·桑特曾写道："这一图腾式的造型如此简单直接，任何人都能解读出当中表达的信息。"话虽如此，卓别林用了很多年时间，才建立起这么一个倒霉但不失优雅，生性顽劣但不失侠士风范的喜剧经典。在某种程度上，他的流浪汉就是近现代的彼得·潘，让观众抹一把同情泪的同时又能开怀大笑。

 一开始，我对这个角色一无所知，但当我穿上戏服、化好妆时，我就感觉自己成了他。我开始了解他。当我走上舞台时，这个角色便完全诞生了。

——查理·卓别林

史蒂夫·马丁刚入行时在幕后替斯马瑟斯兄弟写笑话，几年后决定走向幕前。他尝试了很多不同类型的喜剧角色，晦涩的、睿智的、刻薄的，最后创造出那个身穿三件套西服、脚蹬白鞋、头上总是插着一根箭的疯子，并把目标观众精确定位为大学生人群。

 我相信娱乐可以立志成为艺术，并最终转变为艺术，但如果一开始便抱着搞艺术的心态去搞娱乐，你就是傻子。

——史蒂夫·马丁

夏威夷衬衣是罗宾·威廉姆斯的标志；莉莉·汤姆林总是穿一条黑色裤子和一件白衬衣，她的角色定位是"追求生活智慧的部队女权主义者"（"我反对战争，但如果部队不是有制服剩余，我就没衣服好穿了"），因此不允许她长裙曳地或打扮得花枝招展。

道具

从丹尼斯·利瑞手上不离的香烟，到卡罗特·托普堆满车后备箱的杂物，加拉格尔的大锤子和西瓜，格鲁乔·马克斯的雪茄、胡子和眼镜都是运用道具的经典例子。它们取代传统的小丑脸谱，成为喜剧人物的新标志。

 格鲁乔问一名问答节目参赛者："奥利里夫人，你有几个孩子？"
"14个，格鲁乔。"
"怎么会有这么多？"
"我爱我的丈夫。"
"我也爱我的雪茄，但我偶尔也会把它们从我的嘴巴里拿出来一下。"

乔治·伯恩斯说："我用雪茄充当计时器。当我说完一个笑话，观众笑多长时间我就抽多长时间，一旦他们不笑了，我就把雪茄拿在手上，开始说下一个笑话。"

嗓音

嗓音毫无疑问是表现角色的最有力工具。有的喜剧剧本甚至标注音调，指导演员说这个句子时应该用什么调门。嗓音变化，往往能传达出对话内容中没有的信息。

选择合适的调门，演员能表达一个角色的傲慢、愤怒、心智成熟程度、来自哪个地区乃至是哪一人种。在美国，主要分为五种地方口音：纽约、新英格兰、南部、阿伯拉契亚地区以及西部口音。除此以外，这个国家还充斥着各个民族的口音，比如黑人、犹太人、西班牙人、意大利人、印度人，等等。最后，便是不同身份人物的口音：同性恋、乡下人、黑帮成员，等等。很多喜剧演出都会利用地区口音、停顿和语法习惯等制造笑料。

外貌特征

有的喜剧演员，比如约翰·坎迪和杰基·格利森。天生就长了一张有趣的脸时，光盯着他们挤眉弄眼就能让你笑个不停。巴斯特·基顿很早就发现，每当他摆起一张"石头般面无表情"的脸时，观众总是会笑得更开心。

 穿人字拖和戴平顶帽的都不可能是天才。

——巴斯特·基顿

好莱坞流行的整容和瘦身毁掉了很多喜剧演员。菲利斯·迪勒原本有张有趣的脸：一头爆炸头就像她故意把手指插进了插座，她不用化妆就能演《绿野仙踪》（*The Wizard of Oz*）里的女巫。后来她做了拉皮手术，就只能靠夸张的服饰来吸引眼球了。当她有张有趣的脸时，她的表演也更有趣。杰克·E.莱纳德曾凭借"胖子杰克"红极一时，后来他的体重骤减150磅，他在舞台上的魅力也从此消失。

如果你（或者你的客户）有一双大眼睛，就应该好好利用它们，就像马蒂·费德曼和卡罗尔·钱宁在70年代以及艾迪·坎特在30年代做的那样。伍迪·艾伦把眼镜作为表演的一部分，尤其在他的电影里。

表演者必须忠于自己的角色，在演绎时出于自然。灯光和化妆可以改变你的外貌，道具和戏服可以加强角色性格——蒂娜·菲的眼镜便为了强调她是个严肃的新闻节目主持人。但很多东西是没法改变的：你的年纪、肤色、身高、性别，等等。因此，长期而言，你选择的角色必须能够和你的真实人格共存。

但年轻演员在职业生涯早期应该多尝试不同的角色，直至找到最适合自己的。

表演时间

所有成功的情景喜剧，都有一帮具有说服力的演员，观众能马上分辨出他们的性格特点。在整整十季的《老友记》里，莫妮卡、钱德勒、罗斯、乔伊、瑞秋，还有菲比始终没有背离他们的角色性格。选看几部情景喜剧，并对其中主角的性格特点进行总结。

舞台演出技巧

脱口秀演员可以运用一系列技巧加强演出效果。不管你想观众一直笑下去还是突然改变话题,事前都要有所准备。以下是撰写喜剧独白或小品剧本的几项常用技巧。

笑料加码

要把一位本来不笑的观众逗笑,就像开动一辆陷在雪地里的卡车,要花费很大功夫还得碰运气,你首先得把车子前前后后动一动,让车轮抓地,然后加大马力,一旦车轮前行而不是空转,你就成功上路了。

车子好不容易动起来了,要保持它在雪地上前进,你得不断供给它动力。脱口秀也一样,你得趁着观众的笑劲儿还没过去,在前一个笑话的基础上添加笑料,在他们以为这笑话已经结束时给他们来个惊喜,让笑声一直持续下去。但你得把握好时机,不要在观众笑得最厉害的时候打断他们,等笑声过去 1/2 甚至 2/3 时,再不失时机地抛出下一句笑料。

我告诉你们,我最喜欢中国人什么:他们坚持使用筷子。他们明明见过叉子了,还在用筷子。我搞不懂他们为什么没想到用叉子。他们在田里成天用铲子,拜托,铲子,也就是勺子,你总不能用一双台球杆去耕 50 亩地吧。

——杰瑞·宋飞

为杰克·本尼写剧本的写手经常运用这一技巧，因为本尼的吝啬鬼形象是如此深入人心，他的每一句话都可能成为笑料。以下是本尼和一个乞丐的一番对话：

本尼：给你两毛五，去给自己买双鞋子吧。

乞丐：两毛五？［轻笑一声，接着是一阵停顿］

本尼：你还要买鞋带的吧？

笑料加码还可以和我们前面讨论过的其他技巧一起使用。以下一例便结合了三段式：

问：你知道什么是名望吗？

第一个人：当然，名望就是我被请到白宫去和总统进行私人会面。

第二个人：不，名望是我被请到白宫，这时电话响起，总统看都不看。

第三个人：才不是，名望是总统拿起电话听了一会儿，说："这是找你的。"

——罗伯特·奥本

其要领便是后一个笑话一定要比前一个有趣。因为第一个笑话已经交代了故事的背景，接下来的第二、第三、第四个可以短一点儿、短一点儿、更短一点儿。当观众大笑不止时，就好比是满垒后再来个全垒打！

问答时间

现场喜剧的重点是什么？

一年一度的奥斯卡颁奖礼是美国收视最高的节目之一，主持人通常请来一流喜剧大师，这不是为了台下的电影界大腕，因为他们自我感觉太良好，不会为一个"圈外人"发笑，而是为了电视机前数以万计的观众，否则那些获奖演员、导演和制作人冗长且乏味的获奖致辞会使他们昏昏欲睡。因此，颁奖礼制作人的首要任务，应该是找一个能吸引年轻观众的主持人，因为年轻观众是贡献电影票房的主力。

几年前，颁奖礼制作人请来了克里斯·洛克和乌比·戈德堡这样的老牌笑星，两人都以带颜色且大不敬的笑话著称。不幸的是，他们的风格与颁奖礼格格不入。他们误导年轻演员以为，喜剧不具备真正的结构和特有的风格，不过是这里撒一点儿黄段子，那里夹一段下流话。那些认为幽默建基于粗俗的人，在喜剧道路上多半走不远。

口头禅

很多喜剧演员或角色都有口头禅，贯穿节目始终。米尔顿·伯利有一句著名的"补妆"，每当他大叫"补妆"时，就有一个人蹬蹬地冲上台，用一个巨大的粉扑往他脸上扑粉。俄裔喜剧家雅科夫·斯米尔诺夫在好几台节目里都用到同一句口头禅。

> 我来美国不久后去了田纳西州,那里的人总爱给你检查听力。他们老是说:"你以后一定得再来,听到没?"我能听到。然后有个农民对我做了一个恶作剧。他让我帮他挤牛奶,在那个地方,每当你挤奶就交上了一生的朋友。我走的时候,那头牛冲到栅栏边喊道:"你以后一定得再来,听到没?"

吝啬鬼杰克·本尼也有一句著名的口头禅,自从他在一个关于强盗的笑话里用过后,多年来在无数节目里重复,但观众总听不腻。强盗说:"要钱要命?"半晌没动静。强盗又说:"问你呢。"本尼开口了:"我还在想呢。"

呼应

呼应就是重复前面提过的内容。这内容可以是一个笑话,但脱口秀演员通常的做法是先和台下观众互动,然后把对方的名字套用到后面的笑话里。要记住前后相隔的时间不能太长,但可以反复使用(当然了,不能超过三次)。观众喜欢这样的笑话是因为,这让他们感觉自己始终参与其中。

救场词

这是你在笑话失败后赶紧抛出的台词。约翰尼·卡森经常用的救场词是,"我就知道这笑话行不通",其他常见的包括,"这是我最后一次从×××那里买笑话",或者"你们什么时候全都成了评审团?"而且一句不够,剧作家得给客户准备好几句以备不时之需。

还有一种救场词是应付现场突发情况的——专业演员对任何情况都应该有所准备。

飞机飞过：我希望这是我们的。

警笛响起：送我回家的车子来了。

有人进场晚了：不要紧，我会告诉你你错过了什么。

美女或帅哥进场晚了：我不是让你待在浴缸里吗！

演员在舞台上最不该做的事就是埋怨。身为幽默家，你应该缓和而不是加剧紧张气氛。

改编笑话

用一个人们熟悉的故事开头并在结尾进行逆转。这是一项很流行的技巧，因为它能使观众惊讶，但不要滥用。

他胸前口袋里放着一颗子弹。有人扔过来一本《圣经》，这颗子弹救了他的命。

——伍迪·艾伦

利用观众

这项技巧对现场掌控能力要求很高。演员走到台下向某个观众提问，然后幽默地把对方奚落一番。所有观众都喜欢这一出，因为这是以别人受窘为代价。表演者发问前，所有人都不禁捏一把汗：他会不会选我呢？"不幸"被选中的人也不介意，因为他能成为全场焦点。

这招一旦失败，就像魔术穿帮一样令人尴尬。表演者发问前必须成竹在胸，对可能得到的答案有所准备，因此你不能问得太具体，可以问对方的家乡、职业、着装、婚姻状况、家里有几口人，等等，因为答案无非就那么几个。

> 我喜欢幕布升起前充斥内心的恐惧。我从来不觉得自己准备好了。
>
> ——霍伊·曼德尔

这一技巧需要大量练习和表演前的精心准备，如果你没有信心，可以先试用一种比较简单的方法：为观众安排答案。

表演者：每次我问问题时，大家就大喊"靠，不！"好不好？

观众：靠，不！

表演者：今晚你开心吗？

观众：靠，不！

表演者：我是你最喜欢的艺人吗？

观众：靠，不！

表演者（提高嗓门）：你们今晚有床可上吗？

观众：靠，不！

表演者（嗓门提到最高）：我早该告诉你的。

表演时间

感受喜剧表演魅力的最佳办法就是亲自上台。很多喜剧俱乐部都有为业余爱好者而设的表演时段。为自己准备一段五分钟的内容，找一家本地喜剧俱乐部上台表演。即使你的最终目标不是成为脱口秀表演者，这一经历也能让你对幕后创作有更好的理解。

问答时间

为什么同样的一台表演，前一天很精彩，第二天却很糟糕？

心理学家相信，现场的不可控制因素对演出效果的影响很大。你没法逗乐一帮心不甘情不愿坐在台下的观众。这些外界因素包括恶劣的天气、当前发生的大事（恐怖袭击或威胁）、表演场馆的空调坏掉或演出推迟开始，等等，都会增加观众内心的焦虑，甚至超过他们想借喜剧逃避现实的初衷。

如何推销你的作品？

有名气的喜剧演员都只和自由作家合作。因为他们没有铁饭碗，为了谋生，得不断推出高质量的作品。别以为冒昧把作品寄给大牌演员是浪费时间，有新笑料送上门他们求之不得呢。假如你的作品足够出色，他们自然会买下，但总体而言，这样推销作品的成功率不高。

有的演员担心，无名小卒寄来的作品是抄袭的。虽说笑话没有版权保护，但对演员的名声是极大的伤害。因此你首先要赢得对方信任，其中一点要记住的就是，不要把未成熟或没法用的作品寄出去。

很多新手总是担心自己突然被解雇，这种情况虽然难免，但远不如你想象的那么常见。演员在物色新内容的同时，对稳定供应源的需求更是如饥似渴。他们需要的是今天、明天、下周都能写出好东西的人。

笑话的生命极其短暂，一个畅销笑话转瞬变成过去，只有《读者文摘》会买。所有作家都梦寐以求创造出一个可供反复使用的笑话模式，最著名的例子就是大卫·莱特曼的"十大名单"——这一模式由一个西弗吉尼亚的自由作者发明并提供给莱特曼，莱特曼从美国全国广播公司（National Broadcasting Company，简称 NBC）跳槽到哥伦比亚广播公司（Columbia Broadcasting System，简称 CBS）时，经过一番争取才带走了这一模式。

最好的推销策略便是从本地的俱乐部或演出场馆入手，每次表演结束后，在附近的酒吧或餐馆转转，和演员或剧团管理者交流，但不要急着向对方推销，而是先得摸清他们常用的套路和题材，才开口问对方要不要看一下你的作品。一开始报酬也许很低，但从中得到的经验是无价的。

另外，很多成名的喜剧演员都是美国综艺艺术家协会（American Guild of Variety Artists）的成员，如果你想为某个演员提供表演材料，可以通过这个协会联系他/她。

最后，当你寄出作品时，应该准备一系列而不是一两则笑话，增加成功概率之余还能展示你驾驭某一题材的能力。

第十四章
文字幽默

  幽默好比一把橡皮剑,让你表明观点之余又不必见血。

——玛丽·赫希

编辑们大多都希望自己的报纸和杂志的内容轻松一点儿,即便是严肃的非小说类作品,他们也不希望笔调太沉重。他们深知太阳底下没几桩新鲜事,只能对老故事进行创新性包装,而最吸引人的包装莫过于幽默。难怪研究表明,报纸社论版最受欢迎的两个栏目分别是漫画和幽默专栏。

文字的幽默和在舞台上表演的幽默大不相同。本章我们将介绍报刊、杂志、页脚、网站等主流媒介的幽默,还会涉及汽车贴纸、T恤图案、幸运饼干等另类媒介的幽默。

专栏

新闻从业员把报纸的专栏版面称为"玩具部"。很多记者都梦想开设自己的专栏,"如果说社论专栏是乌托邦,"作家埃德·科恩写道,"那么幽默专栏就是它的首都。"

幽默专栏是那些睿智的作家表达观点的最佳平台。他们用幽默的笔触对近期的大小事件发表看法。历史上不少具有争议性的大事,都起源于报纸上的幽默文章。

鲍勃·格林酷爱喝可乐，当可口可乐打破传统，改变沿用了99年的配方，他发表了一篇幽默专栏表达不满，强烈要求可乐公司用回原来的配方。没有想到，他的专栏像滚雪球般引来全国各地的声援，强大的公众压力迫使可乐公司重新推出"经典配方"的可乐。

很多专栏作家都是在为其他版面撰稿时，其幽默天赋被人发掘。娥玛·邦贝克一开始在《戴顿新闻先驱报》（*Dayton Journal Herald*）上写讣闻。1963年，她说服编辑让她开设自己的专栏。（她每篇专栏只能得到三美元稿费，她说自己的作品值两倍这价钱。）

 任何人都能把你弄哭，小菜一碟，但要把别人逗乐，难度要高20，不，50倍。

——娥玛·邦贝克

有一阵子，全国最受欢迎的要数阿比盖尔·范·布伦和安·兰德斯教人如何为人处事的专栏，但至少一半读者是冲她们的幽默文笔去的。接下来一段时期，这一领域的领军人物分别是娥玛·邦贝克、阿特·包可华、拉塞尔·贝克以及戴夫·巴里。

 我唯一擅长的职业是作家，因为我怀疑自己不适合做真正的工作，而写作并不算。

——拉塞尔·贝克

专栏作家一般每周发表三篇文章，长度一般为450字左右，很少会超过600字。他们不能用记者常用的借口——今天没多少新闻好写，因为他们的主要素材来源是自己身边的事。幽默专栏通常有第二次生命，邦贝克便用自己的专栏文章，出版了好几本畅销书，例如《长在化粪池的草通常特别绿》（*The Grass Is Always*

Greener Over the Septic Tank*)*。

幽默专栏有很多种形式,以下这段讽刺国税局的文章,便是拉塞尔·贝克模仿《圣经》祈祷文写成的。

噢,万能的国税局啊,你使人们的辛勤劳动化为乌有,感谢你赐给我们数之不尽的表格以及让人晕头转向的条例,并让律师还有会计师的财富成倍增长。

总的来说,幽默专栏有五种形式:

1. 趣闻
2. 一句话笑话
3. 夸张
4. 贬抑
5. 讽刺现实

趣闻

形诸笔墨的幽默不必像舞台上的幽默那样着墨太重,换言之,就是风格较为轻松随意。一些敏感或批评性的话题,往往用趣闻的形式表述效果更佳。

趣闻主要分为两种,第一种是一段式的短幽默,另一种是不超过三段的小故事。两种形式都能为一篇文章注入生命。

无论任何趣闻,都应该:

1. 听起来真实,至少接近现实;
2. 描述一个常见的情况;

3. 第一句话要引人入胜；

4. 用一句话作结尾。

以下分别有一则短的和长的趣闻，它们都具备了上述特点。

 短趣闻：

现在的小孩，即便你向他们提一个很简单的问题，也得准备听到很诚实的答案。一天晚上，我帮忙照顾六岁的孙女。当我们坐下来吃饭时，我问她："尼卡，平时你在家里吃饭前祈祷吗？"她说："不，奶奶，我们不必这么做，妈妈是个很棒的厨师。"

长趣闻：

昨天我在校园里走的时候，看到我的一名失明学生特洛伊，导盲犬正带他往校门的方向走去。

我上前几步跟在后面，因为我好奇这只狗怎么把特洛伊安全带过马路。在一个繁忙的路口前红灯亮了，他们停下脚步。当红灯变绿时，那只狗抬起腿往特洛伊的裤子上撒了一泡尿。

这时我惊奇地看到，特洛伊弯下腰把狗叫过来，拍了拍它的头，然后把手伸进上衣口袋，掏出一块饼干塞进它的嘴巴里。

我忍不住说："特洛伊，这是我见过的最仁慈的举动。"

"才不是，"特洛伊说，"我只是想找到它的头在哪里，好给它的屁股来一脚。"

——梅尔·赫利泽

一则趣闻是否有趣比其真实性更重要。作家可以对故事进行改编,把关键句留到最后,但不要对读者说,"以下故事也许不是真的,但是……",这样的话。

有些趣闻一听就知道是编的,有些则需要附加说明。(当然,像"有一天,上帝、耶稣和摩西一起打高尔夫"这样的就不必了。)

三个棒球教练争论不休。第一个人说:"我根据一个球飞来的位置,判定它是好球还是坏球。"(他是客观主义者。)

第二个人说:"我办不到,我只能根据我看到的,判断这是个好球还是坏球。"(他是主观主义者。)

第三个人有自己的想法,他说:"它们既不是好球也不是坏球,直到我宣布它们是什么球。"(他是存在主义者。)

一句话笑话

一句话笑话是幽默世界的顶梁柱。这一形式既能使行文变得轻松,又不至于偏离原本的主题。

每个作家都得明白,刊登在出版物的笑话和舞台演出的幽默完全不一样。专栏文章大量运用谚语改编、双关语、同音异义词等技巧,因为它们形诸笔墨比在口头上更容易被人理解。

成熟的专栏作家擅长用一句话笑话表达对人生某一方面的观察,比如孩子、配偶、生活、工作、体育运动等。娥玛·邦贝克的专栏"江郎才尽"(Wits End)便充斥着这样的话语,几十年后的今天看来,也依然睿智、犀利。

我不认为女人比男人活得长,只是女人觉得人生更漫长罢了。

最痛苦的事情莫过于来到天堂,发现那里和护照背景图没什么两样。

没有自尊心的妈妈在每年重大节日到来前都会把所有威胁孩子的话用光。

当你下决心要赶上你的邻居时,确保他们不是正要赶上你。

玫瑰碗*是我唯一不用洗的碗。

(*"玫瑰碗"是加州帕萨迪纳一个体育场馆的名字。)

专栏作家戴夫·巴里也以犀利的观察和精辟的言辞著称。

 空手道这门武术,说白了就是一帮人经过年复一年的训练,用上他们的手和脚,拍出人类历史上最糟糕的电影。

要买对一台电脑并让它顺利运作,其难度不啻于给你一堆手表配件在一间暗房里规定你只能用牙齿搭建一台核反应器。

生命就是任何被你踩死的东西。

我早就发现了,无论我们交给联邦政府多少万亿美元的钱,都能以获得丰富娱乐节目的形式得到充分回报。

夸张

拉塞尔·贝克是个愤世嫉俗的作家,他笔下的世界只如他所见,而非如你所期望。他在专栏"一个不吐不快的主意"(An Idea That Must Be Unfolded Now)中大量运用夸张手法,以下是一则他早期的作品。

> 以下场景是如此熟悉:你在一个下雨的早晨起床,到柜子里去找雨伞,没找着,通常是落在办公室里了。如果你在一个晴朗的早上去上班,下班时下起了雨,你拉开抽屉找雨伞,还是找不着,多半是放在家里了。

在以下例子中,贝克把超级碗、美国小姐选举和奥斯卡颁奖礼比喻成美国的宗教仪式。

> 它们极端沉闷,毫无意义,不管结果如何,不会对任何人明天的生活带来丝毫影响。然而每当它们举行时,全国上下就会聚在一起,仿佛要开一场全国城镇大会。
>
> ——拉塞尔·贝克

贬抑

阿特·包可华擅长以贬抑手法达到讽刺目的,不熟悉他的读者还以为他是严肃作家。当检察总长发表一份报告建议查禁色情产品时,包可华写道:

第十四章 文字幽默

我自愿参与这一工作。我的最大愿望之一就是成为一个色情杂志审查员,并把散发它们的人都抓进监狱。我凭什么能干这份工作?第一,我读过无数色情委员会禁止的杂志;第二,我知道售卖这些杂志的地点都窝藏在哪里……在检察总长的报告发表前,我已多次去踩点;第三,我能准确地辨认出文学价值欠佳的作品与纯为博取眼球的低俗杂志之间的区别。

问答时间

打磨你的写作技巧

娥玛·邦贝克的传奇仍通过她的写作工作室在续写。该工作室每两年在戴顿大学举行一次,由著名幽默家主持一系列讨论会。它的网址是:www.humorwriters.org,上面有大量幽默写作资源,包括幽默文章、有用的链接、市场定位技巧等,并定期举行幽默写作比赛。

表演时间

在上述五项技巧中,选取其中一项,写一篇500字的幽默专栏文章。记住紧贴主题,你要写的不是自己。

幽默文章

写笑话的时候，你只要想着怎么写得更好笑。然而在写幽默文章时，你得兼顾内容带出的信息及其教育意义。幽默适用于以下两种文章：

1. **文章的主角以幽默著称**。在这种情况下，你行文想不幽默都不行，但注意不要在文中硬加入你的幽默，这种做法很危险，尤其在对方是专业幽默家的情况下，他们的台词可能花了好几年时间打磨，而你只有几天时间写这篇文章。最好的做法是充分利用他们的幽默对白，记住，不要擅自改编也不要和对方较劲儿。

2. **文章本身的主题很严肃，但可以写得饶有趣味**。有些题目本来就很有趣，比如一只狗随着摇滚乐的节奏唱歌，但有的严肃题目用幽默方式处理，能达到意想不到的效果。前者显然容易得多，后者必须很温和、平稳且为多数人接受。它不是为了让人捧腹大笑，而是在微笑的同时认可作者的观点。要达到这一目的，你应尽量做到感情真挚且观点清晰。

即使是严肃性的题目，幽默也能加深读者对文章的印象。最佳的处理方法是用一则有趣的小故事开篇，引起读者兴趣，在每天《华尔街日报》(*Wall Street Journal*) 头版，你都能找到这样写的专栏特写。用小故事结尾的效果也一样好。

页脚文字

在莱诺铸排机流行的年代，编辑会用一两行文字填补页脚的空间，内容可以是笑话、引言、小故事等。但到了今天，这样的页脚文字更多是在《读者文摘》上而不是报纸上出现。

页脚文字没有固定的形式。"一则好的页脚文字,"曾任《读者文摘》编辑的贝蒂·约翰斯顿说,"能让读者引用或大声念给同事听。"由于多数杂志的截稿日期是出版前四五个月,页脚文字的内容必须是不会过时的,即便是一则年代久远的引言或趣闻,其内涵也要对今天有启示意义。

> 我爸爸是一名退休空军飞行员,他说话喜欢夹几句飞行员的行话。我从前并不知道飞行对他意味着什么,直到有一天,他让我看装着他遗嘱的文件夹,上面写着:"检查完毕,准备起飞。"
>
> ——谢丽尔·E. 德雷克

《读者文摘》有几名编辑专门负责审阅所有幽默小故事和页脚文字。每一则幽默故事至少被两名编辑看过,确保不会因其中一名编辑心情欠佳而错过一则好的幽默作品。接下来,编辑部会把所有可能发表的内容提交到审核部门,审核它们是否为原创。最后,研究部门会查证所有文章引用的资料,确保它们正确无误。

普通人的小故事也可以成为页脚文字,但最受欢迎的要数名人轶事,因为名人缔造新闻(或者反过来)。

很多主流出版物不接受所谓的"澡堂幽默"、黄段子或以取笑残障人为乐的笑话,而自我嘲讽的笑话被刊登的概率很高。少数杂志会从其他杂志上转载好的幽默作品,而且付给原作者可观的报酬。《纽约时报》(*The New York Times*)的编辑则对打印错误闹的笑话、双关语或新造词幽默作品情有独钟。

和其他作品不一样,页脚文字要成功刊登后,作者才能得到稿酬。(也就是说,如果因为版面不够,编辑在最后一刻决定撤掉你的作品,你也收不到钱。)每个月《读者文摘》收到数千条作品,很多人从网上投稿(www.rd.com),即便你附上地址和回邮信封,他们也不会把作品退给你。如果他们喜欢你的作品,一般会在三个月内通知你,但有时候你可能等上一年才有回音。记住,如果你要一稿多投,当多于一家杂志的编辑部打电话来向你核实时,千万不要撒谎。也许你能瞒天过海,但一旦被发现,你从此便上了业界的黑名单。

表演时间

向一家本地报纸的"读者来信"栏目投稿,不妨选用争议性的题材。如果你能适当运用我们前面介绍的技巧,被刊登的概率会更高。《体育画报》(*Sports Illustrated*)的年度泳装特刊推出后,收到的读者来信比过去几期加起来都要多,连带订阅量也上升了。以下这封被刊登的读者来信正是运用了基本的逆转技巧:

 看到那期杂志的照片后我震惊了,看那些腿!那些胸部!你们上哪里找来的这一帮相扑运动员?

问答时间

如何能增加作品被刊登的机会？

　　除了要保证作品本身的质量，你还得迎合时下的热门话题和读者喜好。参考那些每年更新的索引读物，例如《作家市场》(Writer's Market)，上面会列出数以百计的出版机构以及它们的投稿指引，看你的作品符合哪家的要求。当你选定几本杂志后，各买一本从头看到尾，最后把目标锁定在其中一家，按照他们的指引投稿。

　　喜剧作家斯蒂夫和马里·凯泽·多内夫定期向地区医药杂志投一些短小精悍的作品，例如"痔疮不会杀了你，但你希望它这么做"，又如"根治青春痘的唯一途径——青春不再"。他们声称，一篇1500字的严肃性文章，例如探讨医护人员临床举止等，最多可以加入八则幽默而不会影响其传递的信息和严肃性。

互联网

　　本书讨论的幽默写作原则，大部分同样适用于互联网，除了一点例外：互联网文章的长度更短。一方面，网页的版面设计不同于书籍；另一方面，因为人们上网时往往欠缺耐心，这要求网络的内容要尽可能精简，而且题目和开始第一句话尤为重要，如果它们不够吸引人，读者会马上转向另一个网站。

　　目前最受欢迎、水平最高的幽默网站包括"麦克斯威尼的互联网趋势"（www.mcsweeneys.net）、大学幽默（www.collegehumor.

com）以及洋葱网（www.onion.com），这是一个对真实新闻进行幽默改编的网站。

在你向一个知名网站投稿前，先把它们的投稿指引找出来读读，很多网站都要求把稿件发给编辑。你也可以留意哪些网站在举行征文比赛。但那些热门网站如洋葱网等，都不接受自由作家投稿。另一个方法就是利用个人博客发表你的作品。

无处不在的短幽默

形形色色的短幽默可谓无处不在，从汽车保险杠贴纸到橱窗的标语，等等。为商家量身打造这样的短幽默，对专业幽默作家来说，可是一门利润丰厚的营生。

保险杠贴纸

保险杠的贴纸某程度上反映你的人生态度，如果说印着叛逆字句的 T 恤是青少年的专利，这就是成年人张扬个性的方式。它们比胸章更受欢迎，又比街头涂鸦更容易为社会所接受。虽说形式很随意，它们也有一定的结构。

1. 通常很简短。

 掩护我，我要变线了。

刹车不需要理由。

2. 文字游戏很常见。

 考古学家做那个也用老一套。

3. 前后对应效果尤佳。

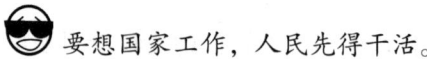 要想国家工作,人民先得干活。

4. 指向某一特定的兴趣和活动。

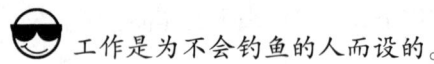 工作是为不会钓鱼的人而设的。

5. 通常是讽刺。

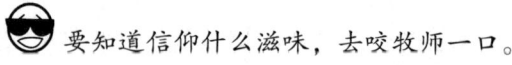 要知道信仰什么滋味,去咬牧师一口。

从父母的过错中学习——做足避孕措施。

6. 具有攻击意味。

 小心我后面的疯子。

忘了世界和平吧,你转弯打灯就好。

尽管摁喇叭,我在装子弹。

T恤标语

如果说在幽默这片土地上存在着纺织工业,那就是印制T恤。丹·格雷是这门生意最成功的例子,他来自克利夫兰,高中辍学后用600美元开创了自己的事业。五年后,这个名叫达菲·丹的T恤品牌销量高达600万美元。

T恤上的字句一般从青少年的角度出发,很多和最近发生的热门事件有关，比如新闻事件、体育比赛或者某个成功故事。（其中最流行的要数"我挺过了……"系列，例如"我挺过了卡特里娜飓风"，"我挺过了艾琳飓风"，等等。）

一语双关和俗语新编最常用的 T 恤标语写作技巧，唯一的额外要求就是尽可能简短。大部分 T 恤标语的生命都很短暂，因此制造商的反应要快，迅速进入市场后迅速撤出，一款 T 恤通常只能流行 3 个星期，能流行 3 个月就算巨大成功了。因此他们需要源源不断的新点子。

很多商家会把广告 T 恤作为礼品送给客户，比如一件牙医诊所送的 T 恤可能印着："钻我的是艾伦医生"。

T 恤幽默和 T 恤本身一样，有时可以很"肮脏"，很多广受欢迎的广告 T 恤都带有某种性暗示。

在下面感觉很好。

在我没被耗光前尽情消费我吧。

不参与就没胜利。

幸运饼干

美国很多中餐馆餐后会给客人每人送上一块幸运饼干，在中国却很少有人知道这个。然而一些中国历史学家相信，幸运饼干起源于中国的元朝末年，起义军利用藏在饼中的纸条传递秘密信息。到了今天，藏在饼干里的大多是具有启迪意义的句子，它们听起来就像从《论语》里摘抄下来的。

成功是有关联的。你越成功,想和你关联的人就越多。

愤怒不会改进任何东西,除了猫儿那弓起的后背的弧度。

它们其实都是笑话作家写的。其写作的要领是富含哲理且出人意料。

 金钱不是打开幸福大门的钥匙,但却打开了所有通往乐趣的门。

在很偶然的情况下,幸运饼干里是空的。萨拉·威尔逊说过一个这样的故事:一个客人抱怨幸运饼干里没有纸条,服务员灵机一动说:"哈,你真幸运,没消息就是好消息。"

表演时间

创作一系列可以用在保险杠贴纸、T恤和幸运饼干上的一句话笑话,用于推广你的业务,宣传你的故乡或吹嘘你的性能力等。

第十五章
漫画和贺卡的幽默

现在我谋生的行当,正是当年在课堂上给我惹来麻烦的东西——画漫画。

——本·萨金特

即便你的绘画技巧仅限于火柴棒小人,也可以创作视觉幽默。对于专业作家来说,漫画和贺卡幽默和其他一句话笑话没什么两样,都少不了文字游戏、逆转、夸张等技巧。一般来说,漫画图案(或贺卡封面)只是铺垫或背景,对白(贺卡内页)才是关键。

很多研究幽默史的专家都同意,创办于1925年的《纽约客》对漫画影响最为深远。它使漫画开始受人重视。根据英国学者M. 托马斯·英奇所说,"它建立了一套评价现代漫画家的标准"。

在《纽约客》以前,漫画主要是两个人之间的对话,下方像话剧剧本一样标明对话人的名字和身份。绘画只表明画家的风格,对话负责带出所有的幽默信息。

到了今天,其模式仍大体相同,但风格产生了变化,篇幅更简短、言辞更精辟、目标更明确。在《纽约客》的影响下,两人对话带出的幽默逐渐让位于一句话式的关键句。这样的漫画要求更高素质的读者,才能更好地理解漫画里高度浓缩的现代生活。

现代漫画的三种主要形式是：单幅漫画、格子漫画和政治漫画。

单幅漫画

这样的漫画随处可见，从《爱猫新知》(*Cat Fancy*)《跳伞》(*Skydiving*)《儿童文萃》(*Highlights for Children*) 到本地报纸的社论版都有。所谓单幅漫画，就是在一幅漫画里交代所有背景并带出幽默信息。假如你一个人能同时提供文字和绘画的内容，成功概率会高得多。

语言内容

单幅漫画只有很少，甚至没有文字信息，顶多只有三四句简短对白，因为根本没有地方让你填进过多的文字，因此充分运用各种幽默技巧尤为重要，包括一句式、逆转、双关和模仿等。

一句式

一句式笑话是幽默漫画的主料。最基本的一句式由一个平常的场景和一句惊讶对白组成。由于关键信息都集中在对白上，在《读者文摘》这样的杂志上刊登或转载时，甚至可以把漫画图案都省了。

一个女孩把前男友介绍给新男友：阿尔伯特，这是爱德华，爱德华，这是过去式。

——利奥·加勒尔

逆转

当你看到漫画时,心里所想的内容和你看到的对白完全不是一回事。

丈夫坐在电视机前,对站在门边的妻子说:要不要来个月光下漫步?好主意,记得把狗带上陪你。

——哈格曼

模仿

一句人们常听的话,经故作老成的孩子、过度活跃的老人或者动物,甚至外星人之口说出,往往会变得特别可乐,因为它们不符合说话人的身份。

两个小孩看着一颗弯了的钉子:我爸管这东西叫"该死"。

——伯班克

视觉元素

单幅漫画的构图不能过于复杂,让人在一秒钟内便能完全理解。你的绘画技巧不必高超,但要有自己的风格。"多数人都不是传统意义上的画家,这不是问题,"《纽约客》的漫画编辑鲍勃·曼考夫说,"我想对那些自认不会画画的人说,这世上有烂的烂画作,也有好的烂画作。去看看詹姆斯·瑟伯的画作,那就是好的烂作品,他的画工很粗糙,但简单直接、充满自信且风格始终如一。画画说白了很简单,你要使你的作品具备个性和魅力。"

大部分单幅漫画有两个角色,但通常只有一个会开口。你也可以安排只有一个角色或三四个角色,但他们的身份和关系必须一目了然。绘图的目的是为文字提供一个解读的背景,但文字才是漫画中唯一带来惊讶的元素。

两个合唱的女孩:我认为女孩子一定要为爱情而结婚。我要爱上我头一个遇上的百万富翁。

以下我们来看看单幅漫画中最常见的构图:

气球

你可以在漫画人物的头上画一只气球,把对话写在气球里面。在兰德尔·哈里森的一幅漫画中,一个男人和一个女人头上各有一只气球,男人头上的气球里什么都没有,女人头上的写着"理查德,你这人大脑总是不想事"。

未知元素

另一项基本技巧便是安排一个读者和其他角色都知道,只有其中一个角色懵然不知的元素。比如,一个潜水的人没看到身后游来一条大白鲨;或者一个女人在丛林里一边向前走一边喋喋不休地对丈夫说话,但身后的丈夫已被一条巨蟒吞了一半;等等。看别人大祸临头仍蒙在鼓里,能让我们产生优越感继而发笑。

状况外

当你呈现一幅夸张的画面时,说话的角色表现得很傻很天真,完全处在状况外。

一个暴露狂揭开了身上的雨衣,百货商店咨询处的服务员对他说:先生,男装部在三楼。

或者主角说出一些与现状不符的内容。

 两个原始人正在打高尔夫,其中一人说:我敢说,我们发明的这项运动,从现在起到永远,都能使人们情绪舒缓,心情平和。

拟人

对动物赋予人类的性情,从原始时代起,便是漫画家最喜欢的技巧之一。

 当一只狗熊开着吉普车从眼前经过,一个护林员对另一个护林员说:看吧,我叫你不要把钥匙留在车上。

加里·拉森是一名擅用拟人手法的漫画家,有一次他画了一个女人趴在地上喂两只松鼠,这时一只松鼠对另一只说:"噢,我受不了了,他们这样趴着的样子真可爱死了。"

除了动物,你还可以将家具、高科技产品等拟人化。

时空交错

你还可以把不同时空的事物放在一起。查尔斯·亚当斯画过这样一幅画:一艘太空船准备升天,各种动物每种两只正排队登船。无需文字,其含义不言而喻。

逆转

这种技巧不仅能用于文字,还可以用于绘画。有一幅漫画画的便是两只马正在用人类的鞋子玩"掷马蹄铁"游戏。

一个女人对朋友说：我喜欢早上做爱——在比尔上班以后。

有的逆转则是文字和绘图的结合。

在一个同学聚会上，主持人介绍一位漂亮的女生上台：接下来上台的是毕业后我们当中变化最大的人，你也许对埃德*·弗格森这个名字更有印象。

（*"埃德"是个男性的名字。）

——V. M. 耶尔斯

最常用的逆转便是给一句平常的话配上让人料想不到的画面。"亲爱的，这是我们最爱的音乐"这句话，如果配上一对正在起舞的情侣，这不是逆转。如果画的是一对大腹便便的夫妻坐在机舱里，身后乘务员正按铃提醒大家晚饭时间将要开始，这就是逆转。如果去掉"亲爱的"，再配上一个修理员在车库里对另一个修理员说话，不远处两辆车子迎头撞在一起，这也是逆转。

表演时间

到卡通银行网（www.cartoonbank.com）去看《纽约客》上刊登过的漫画，逐渐找到感觉后，找15至20幅没有文字说明的漫画，分别配上幽默对白。

格子漫画

正如吉姆·戴维斯的《加菲猫》(*Garfield*) 还有史考特·亚当斯的《呆伯特》(*Dilbert*)，格子漫画用三到六格漫画讲述一则笑话，有的格子里没有对白，有也顶多两三句。大部分系列格子漫画背后都有一个创作团队，独立漫画家要进入这个圈子并不容易。下面我们来看看创作格子漫画的一些要诀：

1. **焦点集中在主角身上**。和喜剧、小品一样，其他角色都是为了衬托主角而存在，因此一格漫画里不能同时出现三个主要角色。

2. **角色永远不变**。你的角色造型要始终如一，就算表情也只能有那么几个，行动要符合角色性格。

3. **情节简单**。第一格便把背景交代清楚，接下来的情节展开可以天马行空甚至有违逻辑，但不能复杂。可以安插一些固定情节，比如大力水手的菠菜罐头和达格伍德的超级三明治，观众看得再多也不会烦。

4. **对话尽可能少**。每个句子只有八九个字，结尾多用感叹号，关键词反复出现，就像查尔斯·舒尔茨的《花生漫画》(*Peanuts*) 那样。

 第一格：两个孩子坐在台阶上看着查理·布朗从远处走来。男孩对女孩说："看！查理·布朗来了。"

第二格：查理·布朗站在两人身边。"老布朗，你好啊！""你好，先生！"

第三格：查理·布朗从他们身边走过。"查理·布朗，老好人啊。"

第四格：查理·布朗走远了。"我讨厌死他了。"

政治漫画

这类漫画是利用敌意创造幽默的典型。一般是单幅漫画再配上攻击性的一句式笑话,让读者发笑之余,还帮他们出一口气。

 还有什么能比随意画画、对人发火、想说啥说啥更好呢?

——迈克·彼得斯

政治漫画的价值在于能刺激某些人,好比是一杆避雷针或一管催化剂。盖瑞·特鲁多是系列政治漫画《杜斯别里家族》(*Doonesbury*)的作者,他曾说过:"有人给我们发工资,不是因为我们的公正。事实上,如果真是因为我们的公正,一切都会不一样。如果你说你不再夸大其词,不再添油加醋,不再延伸事实,你就失去了所有谋生工具,再也画不出讽刺漫画来。"

漫画在政治上能产生很大的影响力。本杰明·富兰克林那幅著名的"加入,或死去"(Join or Die),把在英国殖民下的美国画成一条被切成八段的蛇;托马斯·纳斯特创造出分别代表民主党和共和党的漫画形象驴子和大象,并于1870年在纽约成功把"老大"特威德和他的塔马尼派拉下权力宝座;克利福特·贝里曼当年画的一幅泰迪·罗斯福(即西奥多·罗斯福,"泰迪"为昵称)拒绝射杀一只小熊的漫画,启发玩具商制造出至今盛行不衰的"泰迪熊"。

如今可谓是政治漫画的黄金时代,全国数以百计的专业社论漫画家,在宪法第一修正案的保护下,利用漫画形象对当前发生的争议性事件表明态度。

那些和我一样喜欢攻击他人的漫画家,就像上了膛的手枪。每天早上我们都在报纸上寻找攻击对象。这是我们的生存法宝。如果你想做一名公正的漫画家,你的作品会很快被时间冲刷得干干净净。

——迈克·彼得斯

能否引来热议是判断政治漫画成功与否的标准。没什么比邮箱塞满谩骂邮件,威胁来电打爆电话机,甚至有人强烈要求他们辞职更让政治漫画家得意了。

每个社论漫画家最大的梦想就是在家门外围拉起警戒线。

——迈克·彼得斯

所有政治漫画的共同特点是同时具备智慧和破坏性,它们能让人微笑、大笑,甚至狂笑不已,然后迫不及待地和旁人分享。社论漫画不仅告诉大家国王没有穿衣服,还要说得诙谐幽默。

政治漫画天生就比其他形式的漫画创作难度要大。你必须让观众一眼就能辨认出你画的是谁或者是什么,正如漫画家休·海尼所说:"在你发表意见前,要尽快让观众知道你在说什么。"接下来,你必须旗帜鲜明地表达某个观点。你可以利用夸张的形象或文字达到目的。

这一行最大的难度就是每天都得想出新点子,只有那些拥有自己的风格而且创意源源不绝的自由漫画家才能生存。

夸张的形象

比起普通的单幅漫画,政治漫画对画家美术功底的要求高得多,因为你要突出某个名人的相貌或性格特征并进行艺术夸张,比如,把略胖的人画得滚圆,把高个子画成巨人一般。

另一项技巧就是放大人们对某些事物的既定印象。在漫画家笔下,中情局特工要么是披着黑斗篷、鬼鬼祟祟地躲在暗处的鼠辈,要么是像弗兰肯斯坦一样砸墙破门、欺凌无辜的怪物。

政治漫画中出现得最多的莫过于历届美国总统。理查德·尼克松那阴郁的脸色和豆子眼使他成为漫画家最理想的攻击目标。另一热门主题便是比尔·克林顿以及他的风流韵事。

 克林顿当政这些年,现实都跑到讽刺漫画前头去了。我的意思是,你只需如实描绘发生了什么事,没法发挥创意更向前一步,这样一来漫画家都没法混了。我希望事情赶紧平息下来,好让我们这帮人干我们该干的活儿,而不是让我们笔下的主角把我们的活计都包揽了。

——帕特·奥列芬特

帕特·奥列芬特是一名获得过普利策奖的漫画家。他笔下的人物总是陷入滑稽的窘迫处境。他喜欢在漫画一角画上一只企鹅并由它发表一针见血的评论,年轻漫画家纷纷模仿这一做法,让一只聪明的动物对漫画进行点评。另一名漫画家迈克·卢科维奇说:"在奥列芬特出现以前,社论漫画根本没有道理可言。"

夸张的文字

漫画家经常利用角色名字的双关义做文章。漫画家比尔·桑德斯说一个名叫克莱斯特(基督)·T. 塞拉芬的市级法院法官

"只把自己的名字当回事,而把《权利法案》(*The Bill of Rights*)视作无物"。

在史蒂夫·凯利画的一幅抨击医疗保险制度的漫画中,一个病人看到自己的住院账单后,惊得从椅子上摔下来,医生在病历上写下:神经反射正常。

除了具备基本智商,对一个好的政治漫画家来说,没什么比恶意更重要了。当漫画家的态度充满敌意时,漫画更有可能产生效果。如果敌意上升为愤怒更好,再进一步升级为仇恨时,你便成功了。

——朱尔斯·菲弗

如何进入漫画圈子

成为职业漫画家难度很大,尤其是如果你希望作品出现在《纽约客》这样的杂志上的话。它的漫画编辑鲍勃·曼考夫一星期能收到1000幅作品,其中980幅都会被打回头。但如果你小心选择一些对自由漫画家更为友好的刊物,成功概率会高得多。

20年前的常见模式是漫画家负责话题、作家负责写对白,但近年来情况不一样了。《艺术家及平面设计师市场》(*Artist's & Graphic Designer's Market*)的编辑玛丽·考克斯说:"如果你想在这一领域获得成功,你必须兼备两种技能,或者有固定合作者。编辑很少会帮忙搭配漫画家和作家,尤其在他们是新手的情况下。"

虽然兼具两项技能成功概率更高,漫画家和笑话写手之间的合作仍然存在,但稿酬并非五五对开,一般前者的报酬是后者的三倍，占75%左右。

两者薪酬之所以不平等，是因为编辑往往先签下的是漫画家。一般来说，漫画家本人或经纪人带着作品上门，如果编辑对作品感兴趣，双方就会达成某种协议，在这一刊物上独家刊登或者首发，因为不管是报纸还是杂志，都不希望自己的内容和别家雷同，而绘画作品一稿多投的概率比文字笑话低得多。

一旦合约敲定，漫画家有权决定如何创作。买家不关心过程，他只给漫画家一个人发工钱。因此有的漫画家会另外聘人给自己出点子或写对白。一个有经验的漫画家可以通过电邮同时和十数个自由作家合作，在点子合用的情况下才付给对方报酬。

虽然漫画的核心在于文字或它的点子，但漫画家总是得到大部分报酬。这听起来很不公平，但同样的情况也发生在喜剧演员和幕后的剧作家之间。

全国漫画家协会（The National Cartoonist Society）的网页（www.reuben.org）上列有大批专业漫画家的讯息，每年一期的《艺术家及平面设计师市场》上也有数百家出版机构的投稿指引和联系方式。另外，建议你可以读一读布鲁斯·布利茨的《漫画巨著》（The Big Book of Cartooning）以及克里斯托弗·哈特的《你想知道的关于漫画的一切但不敢画》（Everything You Ever Wanted to Know About Cartooning but Were Afraid to Draw）。

贺卡

个人情感如爱情、亲情和友情，从19世纪70年代起便融入美国人的贺卡文化。但电话开始普及时，人们一度担心贺卡会成为第一个受害者。这些年来，虽然手写信件逐渐减少，但贺卡销量却一路飙升。《福布斯》（Forbes）杂志曾估算，一半的个人信件都是贺卡,因为你没法把一通电话摆在客厅壁炉上展示。

大部分贺卡都印制在 17 厘米×23 厘米的对折卡纸上,材料成本加上运费、广告、销售成本等也远不及它们的零售价。这是一个极为有利可图的市场,每年在美国的销售额高达数十亿。人们乐意付大价钱雇人写几句新颖有趣的祝福语寄给亲戚朋友,哪怕这是大批量印刷。也许你觉得收到友人的贺卡很窝心,但远远比不上贺卡作家收到的大额支票更温暖人心。

贺卡和其他幽默产品一样,经常是对一句常见的话进行改编或另类解读。

 封面:你不仅燃亮我的生命。

内页:还燃亮整个该死的世界。

对于想向贺卡公司推销作品的自由作家,不妨参考以下六个步骤:

1. 考察市场
2. 确定目标
3. 有效沟通
4. 头脑风暴
5. 反复修改
6. 自我测试

1. 考察市场。去附近的贺卡店走走,看看别人写的贺卡。事先做好研究对新人来说很重要。不仅看贺卡的内容,还要看它是哪家公司发行的,了解每家公司的风格和偏好的内容。从一些小公司入手也许更容易发表你的贺卡处女作。因为像贺曼贺卡这样的大公司,从不接受未经人介绍的自由作家作品,但有的小公司则完全依靠自由作家来稿。

你也可以登陆这些贺卡公司的网站,查看各家公司的选稿要求。作家市场网(www.WritersMarket.com)集中提供此类信息并每日更新,但只对订阅者开放。总而言之,你对一家出版商了解得越多,作品被选登的机会就越大。

2. 确定目标。根据统计,虽然恶搞式贺卡越来越流行,但在特别的日子送上温馨祝福的贺卡仍占80%的市场份额。开始创作祝福语前,你要知道这张贺卡是为新年、圣诞、情人节等公众节日,还是为婚礼、生日、生小孩或祝福他人早日病愈而设计。

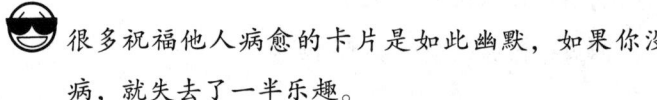很多祝福他人病愈的卡片是如此幽默,如果你没病,就失去了一半乐趣。

——厄尔·威尔逊

3. 有效沟通。贺卡是人际沟通的一种形式,代表寄出者向接收者传达某一信息。要做到有效沟通,就要多说对方想听的话,而且尽可能站在女性的角度去写,因为大部分贺卡的购买者都是女性(除了情人节贺卡,那天男女购买者的比例约为一半一半)。

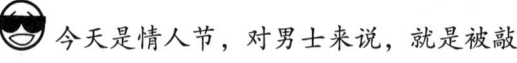今天是情人节,对男士来说,就是被敲诈节。

——杰伊·莱诺

4. 头脑风暴。让一张贺卡大卖的不是它的设计,而是温馨而不失趣味的祝福语。一句寥寥十数字的话,可能是几位作家合作的产物。很多贺卡公司会把旗下的写手聚在一起进行头脑风暴,鼓励他们通过思想碰撞产生好点子。后面我们会对贺卡的头脑风暴进行详细介绍。

5. 反复修改。一句好的祝福语，应该用最精炼清晰的语言表达你的意思，因此你必须反复修改，看是否每个字都不可或缺。这句话有没有更好的说法？读起来是否顺口？内页句子真要28个字这么长吗？

尽可能让句子紧凑，每当你删掉几个字，你会看到当中的区别，你的编辑也会。如果你的作品需要太多后期修改，很可能会被弃用。

封面：我要告诉你我有多爱你。
内页：你有一整晚时间听我说吗？

6. 自我测试。当你想到 20 个点子并准备将它们寄出去时，先把它们放到一边，一个星期后再拿出来，看它们能否通过"燕麦贺卡工作室"（Oatmeal Studios）主管海林·莱勒的测试。

1. 当你重看时，扪心自问，它们是否仍然有趣？
2. 你自己会不会花一美元买这样的贺卡并寄给你的朋友？
3. 你收到这样的贺卡会有何感想？你会对寄出它的人有什么想法？
4. 让你的朋友看看，他们笑了吗？他们会花钱买吗？
5. 它们的情感真实吗？假如你是收卡人，能否与之产生共鸣？

如果并非所有答案都是肯定的，你就得对它们进行重新加工了。

贺卡创作的头脑风暴

假设你正在创作一张由老板送给下属的生日卡。你首先开始思考生日意味着什么：每年一次，你又老了一岁，你会得到礼物和生日派对，人们对你会比平时友善——有了！当你想到"人们会比平时友善时"，突然灵光一闪，便有了以下主意：

封面：今天是你的生日，希望我的和蔼、亲切、体贴会带给你愉快的一天。

内页：因为明天我对你的态度会恢复成老样子。

又如，你要写一张贺卡突出生日的乐趣，但"享受快乐的一天"或"祝你过得开心"是卖不出去的。于是你又开始联系想象：蛋糕、酒、拥吻、第二天早上醒来——又有了！生日的第二天早上，人们狂欢一夜后通常会很失落，我们可以利用并夸大这种失落感，正如贺曼公司的一张贺卡：

封面：（画着一个女人头发蓬乱，抱着一只大枕头，眼神迷离，宿醉后头痛欲裂）生日的第二天早上，缓一缓，问问你自己……

内页：这袜子到底是谁塞在我嘴里的？我怎么自己含着它睡一整晚呢？

有些话也许已经被人说过几万遍了，但你可以把句子拆开，一个字一个字地从中寻找新意。"你是我生命中的阳光……"，老套。"我对你的爱有多少？让我好好数数……"，老套。那么"言语已经无法表达我对你的赞美"呢？还是老套，慢着，我们可以照这个思路，换个有新意的说法。正如贺曼公司出版的一张贺卡上写的：

封面：三个男人分别穿着土不拉几的花格呢子西服，架着厚厚的眼镜，一脸局促地挠着脑袋。

第一个人说：你是如此的……嗯？

第二个人说：不，你更像是……啊？

第三个人说：你有如此多的……噢？

内页：三个呆子加起来也不足以表达你有多棒。

一旦摸到门路，好点子便接踵而来。

封面：还是那三个呆子。

内页：呆子携带礼物出没请注意。生日快乐。

我们前面讨论的很多幽默创作技巧都适用于贺卡。当你掌握了这些技巧，就会发现贺卡词写作是最规范的幽默形式之一。

歪解

封面：有些人说我对你的评价过高了……

内页：我连你踩过的水都崇拜。

逆转

封面：今天是你的生日，撅起嘴巴准备接吻。

内页：吻别又一年失去的青春。

三段式

封面：你个变态、疯子、神经病。

内页：我真喜欢一个人具备这三种特质。

对应

 封面：祝一个拥有一切的男人生日快乐。

内页：来自一个想拥有这一切的女人。

羞辱

 封面：有时候，我们太聪明了，只顾着我们自己。

内页：但看来你完全没有这方面的问题。

如何进入这个圈子？

成为一个全职贺卡写手并不容易，有些大公司，比如贺曼和美国贺卡公司，只和签约写手或信得过的自由作家合作。但这不代表你就完全没机会了，你大可以从小公司开始投稿，但要把目光瞄准那些知名大公司。

给贺卡公司投稿的程序很简单。很多公司喜欢作者一次发给他们至少10到20个点子，但记住：不要把同样的点子发给不同的公司。然而，他们的审稿周期很长，你不能把所有点子发给同一家公司，然后坐等回音，而是要分散投资，增加被录用的机会。

接下来就是坚持投稿，不要因为被拒绝而灰心，而且不要担心贺卡公司一边给你发拒信，一边盗用你的点子。他们更想要的是一个持续给他们供稿的作家。而且如果你的作品具备一定水准的话，他们即便不录用也会给你发来一些建议，鼓励你继续尝试。

如果他们向你提出建议，接受它，并再接再厉，但多数时候都是千篇一律的拒绝信，但有时他们拒绝你，只是因为同一时间收到太多同类型题材，你的点子被淹没在其中了而已。

大公司对待新手投稿的态度很谨慎，他们担心这是业余写手不知从哪里抄来的点子，一旦他们录用并刊印了，侵权的官司打起来可是没完没了。因此，很多公司的律师都建议他们把那些来自不知名作家且未经推荐的投稿原封不动地退回去。

表演时间

为某些特别场合创作 20 张贺卡，包括毕业、生日、周年庆等，并利用电脑制图和排版软件，使它们看起来像是从店里买来的。

第十六章
情景喜剧写作

情景喜剧写作是一个卖方市场,但只对那些能持续创作且有一定质量保证的编剧而言——"持续"又一次成为我们的关键词。通常而言,一部每集30分钟的情景喜剧,幕后需要一支12人左右的编剧团队。这样一来,才能在保证定时供应的同时维持创作质量。

 电视是一项如此伟大的发明,它允许你待在客厅里,看一帮你不愿出现在你家里的人把你逗乐。

——大卫·弗罗斯特

一个半小时剧本的稿酬大概是2万美元,但不要忘了,这笔钱部分要交给山姆大叔,还有10%~15%进了经纪人的口袋(干这一行少不了经纪人)。对于那些兼任剧本导演或制作人的编剧来说,薪酬可能达到一般编剧的两倍。当然,每当一部剧重播,编剧都能得到分红。比如说,《全家福》《陆军野战医院》

《我爱露西》(*I Love Lucy*)和《杰斐逊一家》(*The Jeffersons*)这样的经典之作,每时每刻都会在地球的某个角落上映,编剧分红能分到他们提不起笔来签支票。

要成为一名喜剧作家,你不能透过一面普通镜子观察世界,而是得透过一面哈哈镜,这面镜子把最微不足道的事件、别人的一点儿小毛病都进行无限放大,使它们变得扭曲而有趣。

巴尼:大家好,我叫巴尼,我是个酗酒者。
丽莎:冈布尔先生,这是女童子军会议。
巴尼:真吗?还是你们这帮小丫头不愿承认自己有问题?

——《辛普森一家》

写作时,你要清楚自己目标受众的年龄。一部成功的情景喜剧,除了要使制作公司、演员、赞助商、剧评家满意,更重要的是,要使多数观众满意,这样才能在激烈竞争中脱颖而出。这需要技巧,辛勤付出,还有运气。

由于情景喜剧主要在电视上播放,你还得考虑观众的年龄段分布,你的主要观众群体是否为广告商的目标受众。市场上最主要的消费群体是18至49岁的女性,剧本中要加入能吸引她们的元素,例如肌肉猛男或时尚服饰等。

表演时间

多看情景喜剧,但不是看罢哈哈大笑就完事了,很多大学的网站和图书馆都提供剧本下载,尤其是那些以戏剧系为重的大学。看完影片后,结合剧本分析他们如何把剧本内容搬到荧幕上。

不变的老段子

当你喜剧看多了就会发现,不管新老喜剧,桥段其实都差不多。《宋飞正传》和《老友记》的成功,衍生出一大批关于都市年轻住客的故事,可惜都没能延续神话。

伊莱恩:我知道这很糟糕,但我不是个糟糕的人。
杰瑞和克雷默:当然不是。
伊莱恩:每当我赶松鼠的时候,我只是说"给我走开",不像其他人那样朝它们扔东西或者伤害它们。
杰瑞:你人真好。
伊莱恩:是的。而且我在街上看到怪胎的时候,我从不直勾勾地瞪着他们,但也不会扭头走开,因为我不希望他们难过。
杰瑞:那些怪胎人真好。

——《宋飞正传》

《蜜月伴侣》(The Honeymooners)和《我爱露西》则开创了小两口拌嘴喜剧的潮流。接下来,乡巴佬、警察、演艺工作者、鬼怪等角色都曾流行一时又偃旗息鼓,但指不定它们哪天又重新流行起来。十多年前,喜剧演员贝丝·达维多夫开玩笑说:

我正在给家庭影院(HBO)写一部新的情景喜剧,叫做《欲望乡郊》(Sex and the Suburbs)。这是一个大约五分钟的节目。

几年后美国广播公司（American Broadcasting Company，简称ABC）电视台真推出了这样一部关于乡郊家庭性事的一小时喜剧，那就是大受欢迎的《绝望主妇》(Desperate Housewives)。

幽默就像魔术。那些一成不变的老戏法古已有之，任何魔术师都可以用，区别在于你如何重新包装，带给观众新的惊喜。对于情景喜剧来说，它的情节设定、冲突安排，以及讨好观众的手法，其实和小说很相像。

情景喜剧的核心其实就是"如果……呢"，把角色置身于一个奇特而窘迫的局面之中，笑料也由此产生。情景喜剧并非所有对白都在搞笑，一部喜剧平均65%都是普通或严肃情节，但当中不时穿插的笑话使整部片子的气氛轻松活跃起来。

 麻烦？谁没遇到过麻烦？如果遇到一段痛苦的经历，不要忘记它，在记忆中保存起来，没准儿三天后回头看会变得很好笑。

——加里·马歇尔

以下是十个喜剧里屡试不爽的桥段，从电影诞生伊始便被人反复使用且大受观众欢迎。很多桥段只是日常生活片段的夸张版本。在实际运用中，两个或以上的桥段可能会同一时间或在同一集电视剧中先后出现。

1. 家庭冲突。
2. 工作场所冲突。
3. 蒙在鼓里。
4. 打破平衡。
5. 被虐。

6. 道德与伦理冲突。

7. 同情弱者。

8. 小意外。

9. 追求有价值的东西。

10. 无法适应。

1. 家庭冲突。

正如牙齿和舌头会有打架的时候,住在同一屋檐下的人难免发生冲突。两夫妻吵架,妯娌之间闹矛盾,孩子违抗父母,或者全家和邻居过不去。丈母娘来探访小两口至今仍是电视上最常用的桥段。每当剧中角色纠结于爱情、疾病、嫉妒、偏见、死亡和奶油派时,观众的笑声就会升级。

玛丽:这面包棍烤得太老了。

弗兰克:什么人就吃什么样的面包。

玛丽:博比,给你爸爸拿一份"可悲的混蛋"来。

——《人人都爱雷蒙德》

在每个家庭当中,都有一个人固定作为被攻击的目标。观众喜欢看到一个角色犯蠢,从而产生自我优越感。

乔治·迈克尔:我爱这个家,如果我们走了,谁来照顾这帮人?

迈克尔:我不知道,国家或者警察?没准儿附近的马戏团会来挑走几个。

——《发展受阻》(Arrested Development)

2. 工作场所冲突。

办公室、工厂、学校每天都在上演各色冲突，员工们讨厌老板，也讨厌彼此。

艾略特：这块红色的阴影是不是让我看起来像个小丑？

考克斯医生：不，它让你看起来像个专门取悦小丑的妓女。

——《实习医生风云》（*Scrubs*）

在所有情景喜剧中，一起工作的一帮人一定会发生矛盾，你的故事便是围绕他们之间的摩擦展开。

凯：早上好，我的蚂蚁员工们！听好了，我不会再把你们比作卑微的爬虫，至少在总公司那帮大老板逼我出席完雇佣关系协调研讨会以后。

——《墨菲布朗》（*Murphy Brown*）

杜鲁：什么，你讨厌你的工作？你早说嘛，有个互助小组能帮你。它叫作"每一个人"，见面地点是酒吧。

——《德鲁·凯里秀》（*The Drew Carey Show*）

以下都是些办公室喜剧最常用的桥段：有人挖空心思讨好老板结果惹怒了他，有人煞费苦心地想升职结果以失败告终，还有的人总想着偷懒，千方百计在上班时溜出办公室，等等。

考克斯医生：早上好，同学们，作为住院医师主管，我很高兴迎来外科和内科的新医生们。事实上，在这间房子里的脑力加起来足以为一座城市供电！当然不是一座正儿八经的城市，而是一座政府最近通过了一系列严厉电力管制法案的边远山区小城。

——《实习医生风云》

问答时间

名字的重要性

名字和外号能突出一个角色的特点，并使观众更为关注他/她的表现。在《陆军野战医院》中，外号"热唇"的玛格丽特·霍利亨上校便是一例，"鹰眼"皮耶斯听起来更像是黑帮打手而不是医生。在《宋飞正传》中，杰瑞使所有人都记住了那个脾气暴躁的卖汤店店主。

 杰瑞：只有一个警告，那个卖汤的家伙脾气不太好，特别是在你下单的时候，人们背地里都叫他"汤纳粹"。

——《宋飞正传》

3. 蒙在鼓里。

在正剧里，观众一开始就被蒙在鼓里，剧情到最后才揭晓真相。喜剧正好相反，观众一开始便知道真相，只有主角憺然不知。如果所有角色在开始的前三分钟便知道真相，接下来的20

分钟就没必要演了。一些常见桥段包括：某个角色向别人隐藏他的真正实力，有人躲在衣柜里，尸体被藏在车厢里，已婚夫妇假装独身，老板被误认为员工，刷房子的油漆匠被误认为医生，或者和外国人交流时闹出笑话，等等。

斯坦：大家听好了，我今年圣诞节会得到一顶约翰·埃尔维的头盔作为礼物。

卡特曼：你怎么知道？

斯坦：我昨晚去翻我父母衣柜时发现了。

卡特曼：那么说，我也偷看了我妈衣柜，在里面发现一个叫"快乐震动2000"的东西。

斯坦：那是什么？

卡特曼：不知道，听起来挺带劲的。

——《南方公园》（*South Park*）

4. 打破平衡。

任何现状的突然改变都伴随着情绪提升和冲突产生。家人、朋友、不明物体或突发事件的出现，往往会打破现有的平衡，接下来便有人企图掩盖或使局面恢复现状，从而闹出种种笑话。

老乔治：不要和她纠缠上，相信我。我早知道你第一个老婆会离间我们，但我什么都没有说。

迈克尔：你老提这事，我只有过这么一个老婆，而且她已经死了。

老乔治：看到没？顺其自然，问题自然会得到解决。

——《发展受阻》

这样的典型例子包括：主角全神贯注地在干一件事时突然闯进一大帮小孩，一个惊喜派对选在错误的时间或地点举行，家里有名人突然到访，等等。

杰克：凯文·贝肯跟踪日记，现在是东部跟踪狂时间下午六点，我的心跳得很快，脚下的步子也是。我得走近看看。（杰克跑到一扇窗前，轻轻推开一条缝。）

杰克：嗯，客厅里多了一棵新的植物，肯定是电影公司送来的，想让凯文帮他们演《透明人Ⅱ》(Hollow Man Ⅱ)。我得记下了：看我能不能在那里找到一份给演员身体化妆的工作。（杰克把窗子又推开一点儿去抚摸窗帘布。）

杰克：是缎子的！柔软而不失阳刚气！我得记住这个，下回性幻想时可以用上。（杰克从窗子爬进房间。）

（这时凯文·贝肯一边打电话一边走进房间。）

凯文：（对着电话说）亲爱的，我明白了！

（杰克慌得在房间里绕圈。）

杰克：计划中止！计划中止！计划中止！

——《威尔和格蕾丝》(Will and Grace)

5. 被虐。

被虐紧跟着爱情，是人类最古老的情感之一。但在幽默世界里，你必须从中表达出荒唐的意味：美国大兵爱上了朝鲜贵族，你发现你的情人早就结婚了，或者一个医生不得不告诉病人他的真实病情，等等。

乔治：我有种感觉，每当女同性恋看着我的时候，她们心里都在想：难怪我不是异性恋。

——《宋飞正传》

雷：你已经在策划婚礼了？

黛博拉：我从12岁开始就在策划了。

雷：但你22岁时才遇到我呢。

黛博拉：你只是这幅拼图的最后一块。

——《人人都爱雷蒙德》

6. 道德与伦理冲突。

在这类喜剧中，主角要么言行异乎众人，要么硬闯某个名人派对，要么独自一人参加高中同学聚会。更深层的话题则包括女性权利、单亲家庭以及独特的职业、生意和宗教行为等。

丽莎：爸，我们干了一件坏事。

荷马：你们把车子撞坏了？

巴特：没有。

荷马：你们太闹腾把死人都吵活了？

丽莎：是的。

荷马：但车子没事对吧？

巴特和丽莎：是的。

荷马：那就没事了。

——《辛普森一家》

《全家福》是第一部涉及种族歧视问题的情景喜剧。

阿奇：如果你们这些西班牙人和黑人想分享我们的美国梦，就得像我们一样努力争取。

迈克：你的意思是，黑人和白人有同样机会得到一份工作？

阿奇：不，他的机会更大。可没有几百万人游行示威替我要来一份工作。

伊迪思：没错，这是他舅舅帮他要来的。

——《全家福》

不那么敏感的道德和伦理桥段包括：发现意外之财，丢了得奖彩票或珠宝，报警举报一位名人的罪行，故意破坏新订立的规矩，以及向朋友隐瞒某些事情，等等。

丽莎：噢，妈妈，你确定你要为了付燃气费把传家宝卖掉吗？我的意思是，外婆知道了会怎么说？

玛姬：我很肯定她会为她的后代拧开水龙头能接上热水，并且每天都能穿上干爽、清洁的内衣感到自豪。

——《辛普森一家》

7. 同情弱者。

情景喜剧越来越多触及社会问题，涉及残疾人、战争受害者、性无能者以及老龄化的题材近年变得很常见。

杰伊：女士，别误会我的话，但我想说，你简直疯了！

老太太：噢，你的口吻就像一台烤面包机。

——《评论家》（*The Critic*）

人们都同情弱者,他们希望在同一场景中,闹笑话的是其他人。

巴特:爸爸,如果你被卖给象牙贩子会作何感想?

荷马:挺好的。

巴特:如果他们把你杀了,用你的牙齿做钢琴键呢?

荷马:更好,谁不喜欢成为音乐的一部分呢?

——《辛普森一家》

8. 小意外。

尽管这个桥段可能有无数版本,但总的来说,就是发生的某个小意外导致较轻微的伤害,比如暂时性失忆、男性不举、骨折等,这个意外可能是踩上香蕉皮、掉进水坑、被汽车溅了一头一脸的水,等等。但最常用的桥段莫过于两个角色被困一室,并想方设法要出去。

钱德勒〔被困在24小时银行里,画外音〕:噢,上帝,那是"维多利亚的秘密"的内衣模特,叫什么古达克来着。

吉尔〔在打电话〕:喂,妈妈,我是吉尔。

钱德勒:没错,是吉尔,吉尔·古达克。噢,上帝,我和吉尔·古达克一起被困在24小时银行里。慢着,这地方叫24小时银行还是ATM银行来着?这不是重点,笨蛋!

吉尔〔还在打电话〕:我很好,只是被困在银行里了，一间 24 小时银行。

钱德勒：吉尔说是 24 小时银行，那就是这个了。

吉尔［仍在打电话］：我没事，不，我不是一个人……我不认识，一个男的。

——《老友记》

9. 追求有价值的东西。

每个人都想得到金钱、晋升、奖项，还有其他物质财富，人们为了得到这一切，有时不免引发混乱。他们想得到的东西越奇怪，场面就会变得越搞笑。

拉尔夫：这也许是我进过的最大规模的东西。

爱丽丝：你进过最大规模的东西是你的裤子。

——《蜜月伴侣》

10. 无法适应。

这是指角色无法适应新的现状，比如家里出现变化、换了新工作、转学到新学校、头一次参加某个社会活动，等等。

路易丝：他们为天才儿童特别开设了一个项目，里面有很多先进的教材和设备以及其他他们不想浪费在普通小孩身上的东西。

——《马尔科姆的一家》（*Malcolm in the Middle*）

失业是其中一例，另一常见情况就是离婚后想着如何向孩子解释。

诺姆：这是个狗咬狗的世界，何况我还穿着狗粮做的内衣。

——《欢乐酒店》(*Cheers*)

行业运作机制

剧本要在剧集播放前六个月写好，并在三到六周前投入拍摄。也就是说，编剧要提前想象六个月到一年后的世界是什么样的。这常见不过。（如果你写的剧集中途被腰斩了呢？这也常见不过。）

剧本对时间的拿捏要很精准。在多数情况下，一部半小时的剧其实只演不到 24 分钟。广告占了四分半钟，片头、片尾和下集预告又占了另外一分多钟。

 电视剧本中的格言：我们不要它很好，只要下周二见到它。

——丹尼斯·诺登

剧本的第一稿只要有最基本的拍摄安排，但最后一稿要包括演员的站位，各个摄影师的拍摄角度以及现场音效等细节。格式要按照编剧协会订立的标准来写。

创造多幕戏

当你开始了解剧本的时间安排，就会逐渐掌握一定长度的节目应包含几个角色、几幕戏或者几次转场，等等。情景喜剧的情节不能太复杂，你只要给你的角色一个好的借口来做出幽默举动或说出搞笑对白就足够了。

对情景喜剧来说，每幕戏开始时一般都很正常，直至有人做蠢事或说蠢话才换下一幕。每一幕大概两至三分钟，因此一部半小时电视剧大概包括八到十幕戏。

当你想出一个"如果……呢？"的点子，先把它扩展为一页纸的概述，然后和你的合作者一起进行头脑风暴：剧中角色会作何反应？如何能解决这一争端？谁会反对这么做？为什么？

接下来，把点子拆分成几幕，但记住，你的角色不能满世界跑，只能在三个场景中切换。一开始，你的作品也许错漏百出、前后矛盾，而且充斥着表现力度很弱的对白，但经过反复比对、修改后，情况自然会逐步改善。

创造角色

缺乏经验的编剧最容易犯的错误，就是让配角或新角色占据太多屏幕时间。一般来说，剧中主要角色应占据80%对白分量。观众很乐意看到大部分剧情围绕着他们喜爱的角色展开。

过去电视剧的主演总是为公平和正义而战，近年来，他们更多是为自己的权利，他们对是非对错的界定因情况而异，但大多能得到观众理解。比如，人们能接受过分保护孩子的父母，因为他们毕竟是为子女着想。相比那些严肃电视剧，观众更容易原谅喜剧里的角色，因为他们大多傻头傻脑、招人喜爱，而且绝对算不上坏人。记住了，《黑道家族》（*The Sopranos*）这样的，不是情景喜剧。

无论一集的剧情有多紧张，故事都应该有个快乐的结尾。因为观众抱着这样的期待打开电视机，你不能让他们失望。虽然你这一集解决了一个即时的难题或困境，但整部剧的根本冲突仍然存在。这样才能吸引观众接着看下去。

形成风格

电视主要是视觉媒介,因此看到的内容一定要比听到的更富娱乐性。否则今天流行的就是广播剧而不是情景喜剧了。因此你的角色在衣着打扮、面貌或身体特征、妆容表情方面要有别于生活中的多数人,还要在剧本中加入动作幽默。以下一幕镜头观众永远看不腻:房子的一面墙突然倒下,当飞扬的尘土消散殆尽,一个角色灰头土脸但毫发无伤地站在原地,一缕阳光从窗外射进来照在他身上。

作为编剧,你不一定要形成自己明显的风格,但你的写作一定要符合这部剧既定的风格。尤其在剧组已经在运作,而你是后来加入的情况下。

卢西尔:给我一杯加冰的伏特加。
迈克尔:妈,现在是早餐时间。
卢西尔:那再来一片烤土司吧。
————《发展受阻》

只有当你完全理解并融入一部剧,你才能在这个基础上发展你的角色并形成你的风格。

弗莱泽:我有足够的深度认知到自己有多肤浅。
————《欢乐一家亲》(*Frasier*)

推销你的剧本

在娱乐报纸《综艺》(*Daily Variety*)(www.variety.com)和《好

莱坞报道》（*The Hollywood Reporter*）（www.hollywoodreporter.com）的网站上，会列出正在制作的电视剧以及制作人的联系方式，你可以把你创作的剧本寄给他们，但更好的做法是通过经纪人。

美国编剧协会的网站：www.wga.org 和 www.wgaeast.org。这两个网站会列出剧本经纪人的名字，并注明哪些经纪人会接受未经推荐的剧本。你不必直接把剧本发给正在运作的电视剧组，而是先发给那些有经验的经纪人，让他们来评估你的实力和市场潜力。

其他可以参考的资料包括杰瑞·兰诺的《电视喜剧写作》（*Writing Television Comedy*）、于尔根·沃尔夫的《成功的情景喜剧写作》（*Successful Sitcom Writing*），以及埃文·S. 史密斯的《电视情景喜剧写作》（*Writing Television Sitcoms*），等等。

表演时间

提高情景喜剧写作水平的最好方法就是为正在播放的电视剧撰写剧本。虽然你能获得片方青睐的机会微乎其微，因为你的对手是一帮全职专业作家，但这样做的好处是，你每周都有现成的材料进行比较和参考。

 学习的唯一方法是动手去写。我不断地写啊写，一次又一次地失败，后来才发现和我一样的人多得是。

——塞尔玛·戴蒙德

找一部你喜欢并能适应其风格的电视剧，多看几集，了解它的剧情安排、角色发展、场景设定、时间把握以及每集的固定笑料，然后动手写你自己的大作。

第十七章
商业中的幽默

 正确的措词和近乎正确的措词,两者的区别就像闪电和萤火虫。

——马克·吐温

很多新手都以为,替现场秀、电视节目或电影撰稿是晋身成功幽默作家的唯一途径。其实不然,在美国,目前最大的幽默买家不是娱乐业,而是商业界。商业幽默蕴含着巨大的力量,而且形式多种多样,包括广告、演讲、商业信件、推介会、筹款活动,甚至电话留言录音,等等。因此各大公司对幽默人才的需求可谓如饥似渴。

推销员

笑话是推销员最常用的开场白,但你不能只顾自己说个不停,为了让对话继续,你得创造机会让对方说:"我这儿有个更好笑的。"因为对他人最好的恭维话之一便是:"你这人真有幽默感。"

有经验的推销员和客人攀谈时总能选对话题,比如聊对方的儿孙,聊高尔夫球、钓鱼或者其他运动,等等。一旦你发现客户的兴趣所在,下次就该有所准备,多说这方面的笑话。到第三次上门时,也许没等你开口客人就主动向你下单了。

先缓一缓

商场上的幽默和法庭上的幽默一样，有时不免会被人说："开什么玩笑呢，这是很严肃的事情！"以防你的客户不懂幽默或没心情开玩笑，你的笑话可以先留一手，说完一个较温和的关键句后先缓一缓（通常等个两三秒钟），再抖出最后的包袱。

 公司主席对台下紧张的员工说："我每天只能让一个人高兴，今天……还轮不上你。[暂停一下] 明天看来也不乐观。"

从"缓一缓"的角度而言，以下例子并不成功，因为第一句话便让听众对笑话的后半部分有所期待了。

 医生对病人说：我有两个消息要告诉你。第一个是我从没做过这样生死攸关的手术，但我昨晚在假日酒店睡了一夜。[暂停一下] 第二个是我们不必向你解释手术的过程，你从头到尾都会醒着，因为我们的麻醉师度假去了。

如果你说完上半部分后，台下观众还是板着面孔，建议你还是赶紧把话题转回生意上吧。

广告

如今各大媒体的广告铺天盖地，要吸引观众的注意力越来越难。有研究显示，美国人平均每天看到1000个各种形式的广告，大部分广告都是在人们脑海里一闪而过，几乎没人会对昨天看过的广告留下任何印象。

 幽默广告好比婚姻，你知道肯定有更好的做法，但到底是什么呢？

广告商没有把2.5亿美国人闷坏的权利。人们早就被棒球棍一样硬的推销形式砸得麻木了，你很难透过这厚厚的伤疤传达你的信息。

——斯坦·弗雷伯格

广告首先是一门生意，然后才是一种艺术形式。它的成功取决于能否增加商品销路。即使你的广告好评如潮，推销不出去商品仍是毫无意义。

 如果你的广告做对了而且预算足够多，能一直把人们耍得团团转。

——约瑟夫·E. 莱文

以下是广告制作的11个要点：

1. 可信度
2. 幽默感
3. 文字游戏
4. 印象深刻
5. 独特角度
6. 产品比较
7. 解决问题

8. 性暗示
9. 推出新品
10. 价格优势
11. 音乐朗朗上口

利用幽默进行推销的广告越来越流行。在美式足球"超级碗"总决赛期间播出的约 45 条广告中（每条的制作费加播出费可能价值上百万美元），30% 都以幽默作为卖点。然而在广告世界里，幽默是一个难以把握的概念，它因人而异、飘忽不定，且随时间、地点和潮流转移。你把同一个幽默点子交给 100 个导演，到头来会得到 100 个不同版本的广告，在投放市场前，你根本没法预测哪个能得到更好的反响。因此广告界存在着对幽默的质疑。

所有人都喜欢小丑，但没人向他们买东西。

——大卫·奥格威

幽默在广告界没有多少地位，因为史上最受欢迎的两本关于推销的书都和幽默无关：西尔斯百货的《商品目录》（*The Sears Catalog*）和《圣经》。

——安迪·鲁尼

那些制作预算庞大的幽默广告，往往不只一个版本，否则反复播出会使观众审美疲劳。如果一个广告的笑点在人们意料之中，它的生命注定不会长久。"幽默总能奏效，那些出人意料的幽默效果尤佳。"酿酒公司安海斯－布希的创意总监鲍勃·拉奇基说。只有那些角度新颖、带来惊喜的广告，多次播出后仍能使观众会心微笑。

但广告人必须在幽默和商品信息之间取得平衡,否则可能会造成以下负面效果:

1. 幽默可能会转移观众对商品的注意力;

2. 当观众被广告中的幽默吸引并定神去看时,接下来的一系列产品信息可能会使他们觉得上当了,因而产生反感;

3. 幽默如果运用不当,会使原本受欢迎的产品受到质疑或引起争议。

随着广告制作变得越来越昂贵,一旦失败,招致的后果可能很可怕。不像其他广告,幽默广告有两个失败的可能:一、不够有趣且让人恼火;二、广告太有趣了,它的幽默甚至掩盖了商品的名称和价值。

一个人对另一个人说:我昨晚看了一个很好玩的广告,一个人在酒吧里教一个朋友怎么泡妞,这时朋友问酒吧酒保某个牌子啤酒的价格,他帮忙重复时说错了几个单词,酒保把他打了一顿。

第二个人说:听起来挺有意思的,这是什么产品的广告?

第一个人说:我不记得了,但真笑死人了。

广告幽默绝不能以牺牲商品的名声和价值为代价。你的目标是要让观众们喜欢这个产品,因此,广告重点必须放在产品上。

电视广告

对广告商最看重的市场——18 到 49 岁的女性观众来说,幽默是一件极具杀伤力的武器。根据"氧气媒体公司"的调查，当一个幽默广告播出时，这一观众群有93%不仅第一次看时很感兴趣，而且乐意一看再看；88%表示，如果看到一个有趣的广告，她们很可能不会换台。当我们的子孙打开我们今天埋下的时间胶囊，他们会发现，我们生活中的很多决定，都是在30秒钟内做出的。

 幽默广告把哈欠转变为渴望。

以下是电视广告中最常用，也是最受欢迎的题材：

1. 卡通
2. 拟人化的动物
3. 滑稽动作
4. 可怜兮兮的家伙
5. 著名喜剧演员代言
6. 文字游戏
7. 小孩子

其他题材则用得相对较少，因为它们总是会产生这样那样的问题：例如一句式笑话在广告中显得太单薄；性暗示的笑话会让观众不安，而且监督机构会追着你不放；过分夸张、荒谬的广告显得幼稚；而利用误会和错觉制造笑料则会让观众觉得受到愚弄。

平面广告

只有15%的读者会从头到尾看完一则报纸或杂志广告，其余

85%的广告效应都是利用标题和画面产生。平面广告必须第一时间抓住读者的注意力,否则他们想也不想就会翻到下一页。

幽默不仅能为新产品提高关注度,还能为老产品带来新鲜感,尤其是那些进入市场多年的产品,幽默广告可以为它们注入新生命,使人留下更难忘的印象。

以下是幽默平面广告的五项常用技巧:

1. 在标题中使用文字游戏。

- 上帝就像拜耳阿司匹林:创造奇迹
- 上帝就像可乐:来真格的
- 上帝就像贺曼贺卡:因为在乎,所以给你最好的
- 上帝就像通用电气:把最好的东西带到人们生活中
- 上帝就像思高透明胶:虽然看不见,但你知道他在这里

2. 讲述一则趣闻。
3. 知名笑星代言。
4. 滑稽或性感图片。
5. 利用漫画形象。

广播广告

广播广告有几种主要形式:

1. 直接进行推销;
2. 主持人在节目中宣传产品;
3. 广告歌;
4. 幽默短剧。

显然这四种里幽默短剧的效果最好。幽默短剧在七八十年代最为流行，迪克·奥金和伯特·伯迪斯为"六角风琴牌番茄酱"创作的广播短剧，在那段时间多次赢得克里奥广告奖，斯坦·弗雷贝格的"重庆炒面"广告也让人印象深刻。这类短剧一般只有60秒，大多采用简单的"冲突－解决"结构，其创作关键在于，要让听众觉得自己在偷听剧中人对话，让他们在欢笑中不知不觉接受这一产品。

要取得成功，你的剧本要把握得恰到好处，而且目标观众要有一定的幽默感。这类广告短剧利用玩笑推销产品，而不是拿产品开玩笑，很多剧作家都不懂得两者之间的区别。

"善用幽默，没有什么是卖不出去的。"伯迪斯如是说。他用行动证明了这一点，他为一个墓园写过这样一句广告词："距克利夫兰只有六尺之遥。"

创作广播广告短剧可参考以下要点：

1. 多数人在听电台时还干着别的事情，在开始的头五秒钟，就应该播出能吸引听众的关键词或特别音效。
2. 在头三秒钟或五秒钟，确立故事发生的地点和主要角色。你的角色应具备某一典型性格，因为你没有时间让听众熟悉一个新角色。
3. 角色和剧情能让听众深有同感（噢，这样的情况我也遇到过）。剧本往往基于某一尴尬的处境，但要用一个惊讶的结尾带出幽默。
4. 幽默部分应该集中在某个角色身上，让人一听便知谁便是那个倒霉蛋。
5. 你不仅要娱乐观众，还得宣传产品。在60秒钟内，产品名字应被提起四到五次。

6. 关键句要能解决剧中的冲突,而且要尽可能简短,控制在十个字或一两句话之内。

7. 要有一个适当的结尾,而不是不了了之。最后一句话是你突出产品卖点的最后机会。

相信听众的想象力,只要处理得当,这 60 秒钟内你可以带他们上天入地、穿越古今。我们来看看以下一则短剧是如何满足上述要点的。

 广播员:斯蒂勒和米拉为你带来"蓝仙姑"。

斯蒂勒:晚上好,女士。你今晚要独自进餐?

米拉:[啜泣]是的!

斯蒂勒:你要吃点什么?

米拉:番茄沙司通心面(另一意思为人名,曼尼科提)。

斯蒂勒:噢,不好意思,我们卖完了。

米拉:不,我指卡尔米内·曼尼科提(另意:番茄沙司通心面)。他取消了我们的订婚,刚让他妈打给我了。

斯蒂勒:噢,猪。

米拉:不,她人很好。

斯蒂勒:不,我指红色的猪肉馅。好吧,我能向你推荐"海陆大餐"*吗?

米拉:是一家新开的单身酒吧吗?

斯蒂勒:不,这是我们一道新的菜色,包括龙虾尾和菲力牛排。为了让你提提神,再来一瓶特别的酒。

米拉：但没有酒能同时搭配海鲜和红肉。

斯蒂勒：我能向你推荐"蓝仙姑"吗？

米拉：噢，我肯定她一定很会安慰人，但不必了，我想一个人待着。

斯蒂勒：不，女士，蓝仙姑是一种白葡萄酒，无论搭配海鲜还是红肉都同样美味。也许饭后再来个，坎塔卢波（另意：罗马甜瓜）。

米拉：我在菜单上没看到罗马甜瓜啊。

斯蒂勒：不，那是我，我叫斯坦莉·坎塔卢波。我11点钟下班，也许我们可以一起到镇上走走。

广播员：蓝仙姑，无论搭配海鲜还是红肉都同样美味。西塞尔公司出品，进口自法国。

米拉：太棒了！为什么我不早点儿知道呢？

斯蒂勒：你指我？

米拉：不，蓝仙姑！

（*"海陆大餐"是指北美地区——包括美国和加拿大——的一种非常普及的美食，其中主食是海鲜和牛排。）

问答时间

喜剧演员代言

最昂贵的广告策略之一是邀请知名笑星代言，其好处不言自明，但坏处也多多。

喜剧明星大多会向广告商提出，由他们的御用写手负责撰写广告剧本，因为那些写手更了解他们的一贯风格。这样的剧本往往更注重讨好观众，而不是帮厂商宣传产品的好处。

我嚼了贝奇特口香糖25年,价钱从来不变。也不知他们是现在减价酬宾呢,还是当年漫天要价。

——鲍勃·霍普

有评论家认为,请笑星代言很危险,因为人们不会把他们说的话当回事,而且他们在公众眼里的形象太突出,会掩盖产品的特点。喜剧演员乔纳森·温特斯连续11年穿着一身清洁工的白衣为"强韧牌"垃圾袋代言,这牌子的垃圾袋多年始终占据市场第一名。

 人们总是问我是否喜欢为这牌子的垃圾袋代言。这么多年了,这很能说明问题,要么是关于这垃圾袋的问题,要么是关于我的问题。

——乔纳森·温特斯

广播是一种强大的广告媒介,但你很少听说在全国范围流行的电台广告,这说明它们大多针对本地商家和客户制作。由于地方性的广告公司幽默水平有限,广告短剧近年已越来越罕见,质量也让人不敢恭维。

幽默广告是一把双刃剑,它是各大广告颁奖上的常客,也能使默默无闻的商品迅速蹿红,但运用不当的话,会对产品声誉带来负面影响。

对幽默广告的创作者来说,你首先要征服的人是对手广告公司的创意总监,你把他吓怕了,就说明你的广告成功了。

——霍华德·戈西奇

作为新手,你可以从地方电台或社区报纸入手。地方的广告公司很乐意起用有创意的新人,但近年门槛也变得越来越高。如果你能证明自己能得心应手地进行幽默创作,世界上任何角落都会有广告公司愿意聘请你。

商业信件

公关专业的毕业生都知道,他们找到新工作后的头一桩任务,就是为公司撰写或编辑商业信件。幽默能让这类信件更具可读性,并给员工、销售员、批发或零售客户留下更深刻的印象。

为了达到幽默效果,你可以在信件标题上利用文字游戏,讲述一段关于某个员工或主管的小故事,还可以配上有趣的插图或照片,等等。

根据《福布斯》杂志所说,那些在信中把产品和服务当回事,而不把公司总裁当回事的商业信件,往往能收到良好的反响。

表演时间

办公室幽默从电话留言开始。

请留下你的名字、电话以及信用卡号码，我会马上给你回电话。

幽默的留言能展现你的个性，并给对方留下好感。当你回电并自报家门时，你几乎能想象电话那一头的笑容，接下来的谈话氛围会轻松、愉快得多，这往往是谈成一单生意的关键。

电话留言也是最佳的幽默写作练习之一，因为你能随时修改或删除你的留言，还有无数次机会验证它的效果。

 提示音后请留言，我会尽快回复你，但如果你要邀我吃晚饭的话，我会马上听电话。

如果你是我老妈，麻烦明天把支票寄来。如果你是我新女友，麻烦正确无误地拼写你的姓。如果你是我的教授，想知道我上周到哪儿去了，我在上你那变态的课时得了传染病。

欢迎致电心理咨询热线，我不在，请留下你的电话以及描述当你听到以下内容时的感想：金橘、老妈和独角兽，并简单陈述下你现在患有的疾病。谢谢。

嗨，我不在，你要说什么就说吧。

第十八章
教学中的幽默

 这不是关乎教学,而是关乎时机。如果他们的嘴巴因大笑而张开,你也许能趁机塞进一点儿精神食粮。

——维吉妮娅·图珀

幽默已被证实能有效提高教学效率。研究表明,它能增加学习趣味和学生的注意力,让最乏味的内容变得生动,让最晦涩难懂的概念变得清晰且易于记忆,更重要的是,它能激发学生的创意、探索精神和批判性思维,使他们受用终生。幽默还能活跃课堂氛围,促进交流和参与,让学生知道:学习其实很有趣。

市场对幽默教材如传统课本、在线教程以及教学录像带的需求量越来越大,为幽默作家创造了新的工作机会。那些擅用轻松笔触使枯燥教学内容变得有趣的作家尤其抢手。喜剧组合"巨蟒剧团"的成员之一约翰·克里斯出版了一套讲授管理学原理的商业培训录影带,在评论界和市场都大获成功。他的教学理论很简单。

 笑得最开心的人学得最好。

——约翰·克里斯

教室不是喜剧俱乐部

观众对喜剧演员的期待是有趣且富娱乐性,学生对教授的期待则是说教且沉闷,他们从不指望上课能有多好玩。因此在课堂上,人们对幽默的期望值会降低。老师的话不必真的很好笑,他们做出任何幽默尝试,学生都会很感激,并认定这是一个对教学怀有热忱和激情的老师。

但是你要记住,课堂毕竟是传道授业的地方,大不敬或太荒谬的幽默并不适用于教学。过多的笑话也没有必要,只会分散学生的注意力。你的幽默必须联系教学内容,否则学生往往只记住笑话,而忘了他们该记住的东西。总而言之,只有适当、适时、适量的幽默,才能达到提高教学效率的目的。

 俄克拉何马州的一位老师在课堂上为猫咪做手术时遇到了麻烦,尤其因为他是一名数学老师。

——柯南·奥布莱恩

此外,教学上的幽默应避免嘲笑、奚落他人或特定人群,带有性暗示、种族歧视或黄色内容的笑话都不能在课堂上出现,即便是一个轻浮的笑话,也会被视作冒犯他人。

 作为一名老师,正确措辞非常重要。这些年来,我学会了不直接告诉学生他们会不及格,而是委婉地告诉他们:你们会有多一个学期的时间更好地了解我。

——邦妮·奇斯曼

由于幽默是一把双刃剑，为了不伤害他人，最好的做法是把剑锋对着自己。多说自嘲式的笑话，更能使学生放松且不会奚落、排斥彼此，而且在学生眼里，这样的老师更人性化。

 你们当中有人也许已经听说了，我是一个偏私、顽固且沉闷的人，但你们还没和我妻子谈过话……

那些在话题性或在社会上广受批评的人物或事件是理想的目标，但你选择时还是得谨慎。

受众：学生

学生是课堂幽默的关键因素。对于不同文化背景、性别和年龄段的学生，要用不同的笑料。同样的笑话，一班学生听了前仰后合，另一班学生可能毫无反应。而且幽默的内容还得切合教学主题以及符合老师本身的性格特点。

幼儿园至六年级的学生喜欢那些简单直接且内容正面的笑话。

 维京海盗怎么传递秘密信息？
挪威密码！

［敲门声］
谁啊？
埃达！
哪个埃达？
埃达汉堡，送午餐来的。

年纪稍大的学生多半喜欢那些"老师是笨蛋"的笑话,而讽刺、模仿、说反话等较"高级"的幽默形式,则适用于高中生或成人学生。

 考前临急抱佛脚时你会发现,最重要的那些笔记都看不清。

期中考试80%的内容都来自你没有上的那节课。

如果老师告诉你,下次是开卷考试,你会连书放在哪儿都忘了。

如果老师告诉你,下次考试试卷拿回家做,你会连家住哪儿都忘了。

可以的话,说笑话前先了解学生的年龄和背景,但现在一个班的学生组成越来越多元化,对于那些远程或在线课程来说难度就更大了。

表演者:老师

不管你是在做讲座、演示,还是开办工作坊,你要遵循和演讲一样的原则。不管你是向三年级学生讲授社会学,向高一学生讲授经济学,还是向公司雇员进行管理培训,都要以内容为先。幽默只是作为内容的辅助,不能喧宾夺主。以下是当你站在讲台后可能用得着的一些技巧:

先声夺人

学生很快会对老师形成固定印象,因此在头一节课,你一进门就得抛出一则笑话或趣闻,这好比对学生发出信息"这门课会很有趣"。

 我永远不会忘记上学第一天。妈妈叫我起床,给我穿上衣服,帮我整理好床铺然后帮我准备好早点。宿舍那帮哥们笑我笑得脸都绿了。

——迈克尔·阿罗宁

我的上学经历很痛苦。我那所学校是专为有情绪障碍的老师而设。

——伍迪·艾伦

我如何得知已经开学了?因为我看到一个邮递员向纽约市的一个男学生手里买弹药。

——大卫·莱特曼

其他开场形式包括:为这堂课拟个有趣的标题,向学生展示漫画并配上幽默对白,在点名的时候插进几个有趣的名字,改编某句名人名言,夸大教学目标,用生动的话做课程简介,等等。

 今天的课是个实验——你们当中有一半人会得到真正的知识,另一半人只能得到安慰剂。

——马特·科尔曼

今天讲的题目有点儿似曾相识,如果你们听过了麻烦打断我。

另一个既能和学生套近乎又能鼓励他们尽快熟悉彼此的方法

就是，向他们发一份清单，让他们找出具备某些特点的同学的名字，比如班上最高的人，和你有同样发色的人，和你住在同一片区的人，和你喜欢同一类型音乐、电影的人，等等，也可以加入幽默选项，比如谁这星期洗过澡了、谁今早刷牙了，等等。

三明治式幽默

当老师发现台下学生眼神开始放空，就意识到该"换挡"了。让学生大脑暂时放松，接下来的教学会更有效率。有种技巧叫"三明治教学法"：先讲解一个知识点，再利用幽默让学生重新集中精神，然后总结前面讲的内容。为了前后有效衔接，中间的"夹心"一定要精炼简短，如果拖得太长，学生的心思就很难回到正题上了。

我曾经做过代课老师。我永远忘不了有次给一个叫苏珊的老师代二年级的课，一整天我就听到那帮烦人的小孩在我耳边嚷嚷："苏珊不会这么做。苏珊会让我们玩，苏珊给我们吃泡泡糖，苏珊比你长得漂亮……""哦，是吗？苏珊死了。"

——凯茜·拉德曼

应急一句式

和演讲以及现场表演一样，老师应该随时备着一些一句式笑话，以应付突如其来的意外事件，让学生保持冷静。

警报响起：我错了，我不该把车停在校长的车位上。

飞机飞过：这是我的私人座驾。

设备出问题：你在易趣*上买东西就会发生这种事。

（*"易趣"是一家知名网上购物网站。）

下课铃提前响起：你们的祷告起作用了。

学生的手机响了：找我的？

笑到最后

如果你有个比较长的段子，最好把它留到最后，让学生一直笑到下课或者放学。列举十大老师常用的结束语。

 学生交不上作业的十大借口：

10. 我以为"土拨鼠日"*是公众假日。

（*"土拨鼠日"，人们认为每年的2月2日是土拨鼠钻出地面的日子。）

9. 我的斗牛犬把我的雪貂给吃了，雪貂把我的作业本给吃了。

8. 看完《奥普拉秀》（The Oprah Winfrey Show）以后，我意识到写作业会使人自尊下降。

7. 最新一集的《幸存者》太好看了。

6. 我想我有注意力缺陷障碍。

5. 我的作业被国土安全局没收了。

4. 作业的答案不在参考书上。

3. 我妈昨晚没时间替我做。

2. 我不小心喝了半打啤酒，以为自己已经毕业了。
1. 嘿，布什总统当年也只得了个C。

集体参与

课堂幽默不只是这儿来一段笑话，那儿说一段趣闻，你可以采用更具创造性的方法，比如，鼓励学生们共同参与其中，既能使他们更投入，又能使教学内容更容易被记住。例如，在朗读《罗密欧与朱丽叶》（*Romeo and Juliet*）时，让学生把台词改编为说唱乐；又如，让学生用苏斯博士童话的口吻改写林肯总统的《葛底斯堡演讲》（*The Gettysburg Address*）。

其他鼓励集体参与的课堂幽默包括：

- 设立一个网站，记录学生们编的笑话、歌曲、打油诗，还有他们的幽默语录、个人小趣闻，等等。
- 举行模拟法庭，审判声名不佳的历史人物。
- 用漫画的形式记录班上的活动或发生的大事。
- 用布告板记录有趣的同音异形字、双关语、歇后语等。

创造性写作

很多学校都开设创造性写作课，为幽默教学提供了更多机会。幽默思维能让一项普通的写作任务变得新鲜、有趣。举个例子，让学生为一则科技新闻写幽默的新闻标题，既鼓励他们从另一角度认识这一事物，又能锻炼他们的批判思维和标题写作技巧。其他结合幽默和创造性思维的写作练习包括：

- 改编谚语、格言、歇后语、顺口溜或名人名言，使之符合另一题目的要求。
- 编一本小词典，解释时下的热门词汇和网络词汇。
- 为课本上的插图重新设计对白或注释。
- 把课本上的概念、定义等编成短语或顺口溜等，使它们更易于背诵。
- 基于已经证实的理论或定理做出疯狂的预测。
- 撰写有趣的临终遗言、绰号、保险杠贴纸、寻人或寻物启事或历史人物简历。

对幽默写作而言，最最关键的一句话是"如果……呢?"大胆的假设和想象适用于哪怕最枯燥的体裁——学术论文，不仅使得行文变得生动易读，更鼓励学生从另一个角度重新审视他们写的题目。

- 如果童话人物受到茱蒂法官审判呢（比如说，匹诺曹，罪名是诽谤)？
- 如果地图上的地名和地标被换成有趣的别称呢？
- 如果所有童话故事都要求政治正确呢？
- 如果动物会说话呢？
- 如果由孩子们来写《权利法案》和校规呢？

把写作任务与幽默结合起来对老师来说还有一个好处：为以后上课积攒笑料。

视觉幽默

漫画、插图和照片等视觉幽默元素，在课堂上表现力尤佳。

有时一幅图配上寥寥数语便能阐明许多深刻的道理。各种小道具如手指玩偶、布娃娃、道具服饰也能起到活跃课堂气氛、加深学习印象的作用。

 好的教学就是四分之一的准备,四分之三的表演。

——盖尔·古德温

此外,老师也可以在课程大纲、打印教材等材料中穿插幽默,例如在行文间运用文字游戏、拟定有趣的标题和小标题、利用学生们熟悉的名言或定理进行改编,等等。

在大学阶段,教授和学生少不了通邮件。通信时加入幽默,也是和学生拉近距离的好方法。

 我喜欢那些除了作业以外,能让你把别的东西带回家思考的老师。

——莉莉·汤姆林

考试中的幽默

幽默还能缓和考试的紧张气氛。

 在高中时,我没法通过数学测试,也没法通过毒品测试,两者大概有点儿关系。

——琳达·蒙哥马利

老师在出考卷时,可以在多选题中加一个荒谬且搞笑的选项,把学生的名字或流行的事物套用到题目中,甚至以一道与课程内容无关的题目结尾:

考试结束了,你希望……

A. 这只是一场噩梦

B. 自己复习过课本了

C. 自己至少把课本带来

D. 现在退这门课还来得及

问答时间

在线课程

幽默作为一种课堂策略,不仅适用于面对面的教学,也适用于在线课程。

一项研究表明,在线课程加入幽默内容,会让学生觉得课程更富趣味和互动性。以下是一些幽默在线课程的例子:

 自变量:无需其他变量便能自我感觉良好。

双盲实验:研究者和对象都蒙上了眼罩。

如何得知自己过度肥胖?

一天至少说七次:"麻烦来超大份的!"

电话上唯一的快拨号是必胜客。

实用催眠:训练男人去问路;忘记自己上一次的考试成绩;说服父母读完大学本科要七年时间。

表演时间

课堂幽默的创作方法其实和其他笑话差不多。我们用"弗洛伊德的烦心事"写一则笑话。

首先,我们列出和弗洛伊德有关的元素:沙发、病人、自由联想、墨迹测试。然后,我们对这些元素进行逆向思考:病人不是在沙发上说个不停而是睡着了,病人不是在看墨迹图而是动手画起来,并写出以下的三段式笑话:

 西格蒙德·弗洛伊德最烦的事就是病人在沙发上睡着了、在墨迹图上乱涂乱画,以及向他抱怨为什么自由(与"免费"是同一个单词)联想还要收钱。

这笑话不能让人笑破肚皮,但符合课堂幽默的全部要求——和上课的内容有关,避免冒犯任何人,突出了几个心理学的专业名词。

现在你也来试试,利用熟悉的题目写几则笑话,它们必须联系主题,而且适合用在课堂上。

第十九章
总　结

我认为，所有人都有资格听我的意见！

——维托·埔柱

所有人都可以学习幽默，创作幽默，但问题是，不是所有人都能靠幽默吃饭。和世上所有行业一样，幽默学生中只有一小部分能成为专业幽默家，而且这一行更新换代很快，一不小心你就被淘汰了。以下介绍四个能提高你成功机会的方法。

1. 和其他人合作。

尽可能找一个甚至几个人和你合作，一来能激发你的创造力，二来你的点子马上能得到反馈意见。"我喜欢和其他作家合作，"幽默作家菲尔·拉斯克写道，"我很感激身边有这么多有才华的人。其他人也许能想出比你更好的对白或故事，你要认真听别人说的话，有趣的是，你会发现那些出色的作家也在听你说。"

"巨蟒剧团"的艾瑞克·爱都说：

我们 6 个人要意见统一很容易。我们把笑话大声读出来，如果大家都笑了，我们就用，如果大家都没笑，我们就不用。如果 4 个人笑了，2 个没笑，这很简单，把那 2 个人拉出去杀了。

有的学生会指出,最著名的喜剧作家都是独立创作,比如查理·卓别林和尼尔·西蒙。如果你像卓别林或者西蒙一样出色,你也可以自己来!

2. 雇个经纪人。

没有经纪人,一个新手很难出名;但好的经纪人大多不愿意接新人的单。当然也有例外,你的目标就是找到这样的经纪人。编剧阿贝·伯罗斯说,他把经纪人当作家里人,当他付经纪人10%的稿费时,他不把这看成佣金,而是看成给家里的妈妈寄钱。

经纪人的名字和联系方式都可以在网上找到。但记住了,对于新合作的经纪人,你上台时不要把钱包交给他们保管。

3. 反复测试。

你不能对着一堵墙测试你的笑话,至少要有一位观众,而且必须是一位对幽默持开放态度的观众。如果你找不到观众,可以找另一位幽默作家或喜剧演员。不要走到陌生人面前,"你觉得我这笑话怎么样?"更不要找熟悉你的人,比如朋友、配偶、同事或孩子。他们太主观,对你太苛刻,不能放松下来享受一个笑话,而是会基于对你的认识做出其他解读。

 很多事情比现场演出喜剧更可怕,比如站在手术室里,面前有个人心脏停止跳动了,你得想办法搞定它。

——乔恩·斯图尔特

不到十分之一的笑话能头一次便成功，而且没有笑话能取悦所有观众。一般而言，你能逗乐台下一半人就算很不错了。

如果你在为一个公开演讲撰稿，彩排时把新内容放在前30秒，因为这是观众最信不过你的时候，如果你的新段子能挺过这一关，就证明它有可取之处。

笑话就像机关枪，不一定每枪都准确命中，但只要大方向是对的，当你射出足够多的子弹时，便能成功击倒目标。观众小声笑算1分，大声笑算2分，鼓掌算3分，如果一个笑话在你尝试3次后仍1分未得，果断抛弃它，如果得到1分，重写到2分为止，这样你的总分才会不断上升。记住，不要迷恋自己写的东西，也不要把失败怪在表演者或观众头上。只有亲身体会站在黑压压的观众前有多紧张，你才能为客户写出好的讲稿或剧本。

 如果观众大笑，我是笑星；如果他们微笑，我是幽默家；如果他们不笑，把我当歌手好了。

——乔治·伯恩斯

4. 不断练习。

幽默写作是一项全天候任务，你脑子随时随地都会冒出新点子。有的作家甚至做梦都能想出笑话来，所以，你最好在床边也搁一个本子。

当你掌握了基本的创作技巧，不要让任何人说服你改变风格。喜剧潮流不断变化，但最基本的东西永远不变，好点子才是幽默的生命所在。坚持你的风格，有的点子也许要好几年才会被多数人接受。

取得成功还需要两个因素——运气和坚持。有人说，两者其实是一回事——幸运只降临在那些付出最多的人身上。另外，永远对你的作品和能力充满信心。这一行是如此残酷，妄自菲薄的作家很少能生存下来。

看、读、听、说

除了运气和坚持，你随时随地都要做到这四点：

1. **看**。观察生活中搞笑的片段，看人们夸张的举动如何让旁人发笑。

2. **读**。多看好玩的书刊杂志，留意人家的写作结构，勤做笔记，不断丰富你的笑话存档。

3. **听**。留心听人们如何措词，梅尔·布鲁克斯说这是"说话的韵律"，看起来很好的内容，听起来未必入耳。在日常对话时，我们很少会把句子说全，总是一个字一个字跳着说，而且能省略则省略。

4. **说**。不要放过任何表演机会，在会议上、私人派对上，当着晚宴的客人，表演你的笑料。你会慢慢意识到，表演如何随着观众的变化而变化，并明白针对不同观众选择不同表演内容的重要性。

表演时间

完成以下综合练习：

- 为一件常用的卫生用品（例如肥皂、牙膏）写说明书

- 列出十件最让你烦心的事
- 写一封求职信，申请某个罕见职位（殡葬师、直肠检查师）
- 写一则天气预报
- 为在公路上被汽车碾死的动物写讣告
- 为你家附近地区写一份参观指南
- 写一份保险单、遗嘱或报税单
- 编一份新电视节目的清单
- 撰写一幕默剧
- 写电影、喜剧或音乐评论
- 写一系列假的新闻标题
- 写一则关于你的最糟糕约会的故事
- 写一段抱怨你自己、你的家人或者宠物的告白
- 写一只患精神病的动物的故事
- 写歌词或诗歌
- 写育儿指南
- 写一份在办公室或家里的穿衣守则
- 写一系列互联网域名
- 为家里的老照片写说明或设计对白